21世紀の若者たちへ/5

グローバリズム

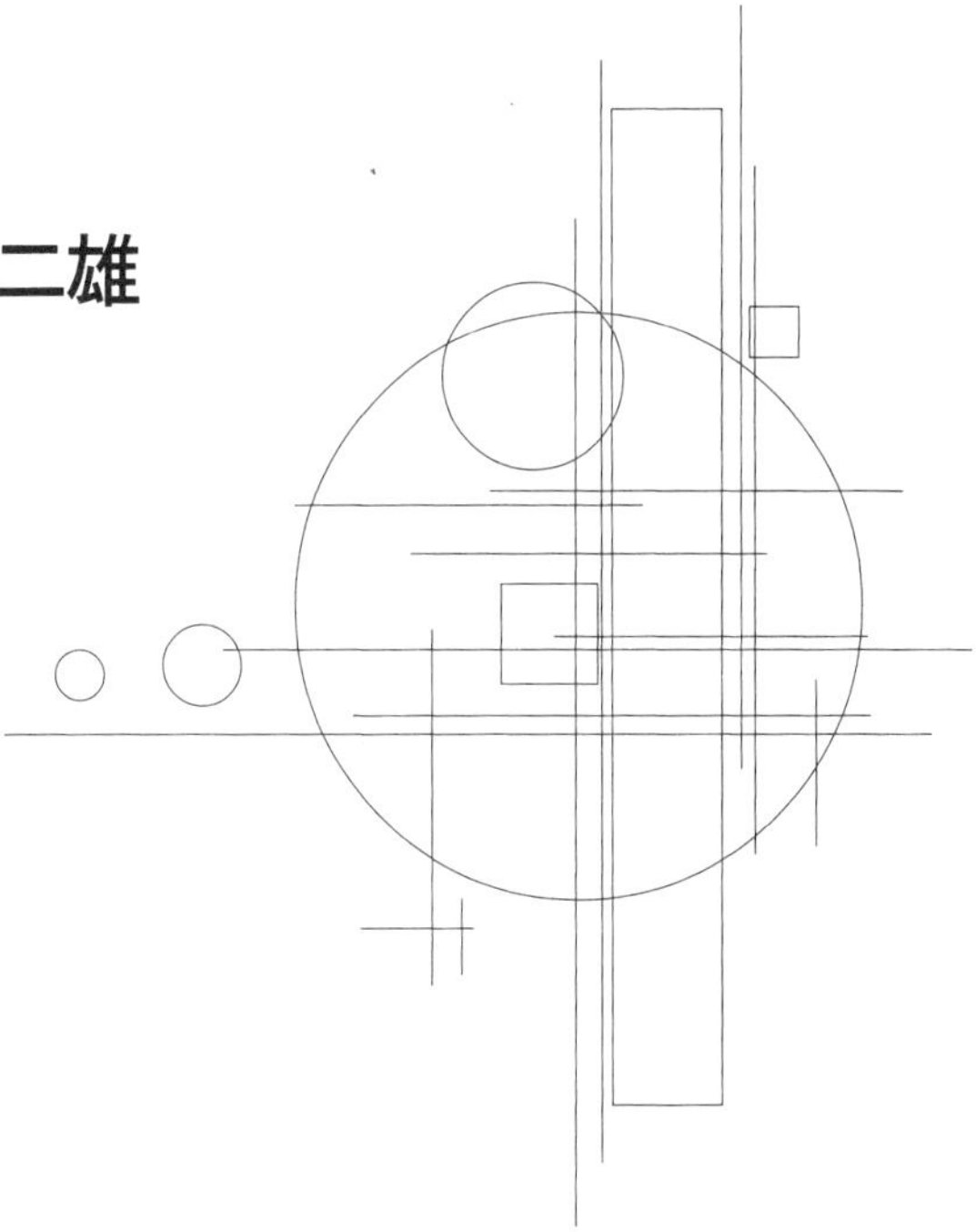

MIZUOKA Fujio
水岡不二雄

八朔社

目次

目　次

目　次

グローバリズム

序章　冷戦は終った。そして格差はますます拡大する。

グローバル化とか、グローバリズムとかいう言葉を最近よく耳にするようになりました。「グローバル」の元の単語 globe とは、「地球」という意味です。それゆえ、グローバリズムを最も単純にいえば、それは、経済・社会のさまざまな要素が、地球というスケールのひろがりを大規模にしかも急速に移動するようになり、それによって経済や社会のありさまが大きく変わってくることだ、ということになります。

高等学校の教科書でも、「グローバル化」がキーワードとしてとりあげられるようになりました。例えば、手もとの『現代社会』の教科書を開くと「各国経済の相互依存関係は、財・サービスの移動、資本移動、労働力の移動、企業の多国籍化、そして情報化などによって促進されている。それとともに、環境問題、地球人口の動き、資源・エネルギーの開発や保全、人権の保障、民主的な経済社会の実現など、地球的規模の問題が重要であることが、しだいに人々に認識されるようになってきた。この動きをグローバル化ともいう[1]」と、グローバル化への動きについて説明しています。

しかしこの文章は、地球規模に各国が相互依存するようになったからグローバル化が進んだのだ、といっているにすぎません。「地球規模」が「グローバル」ということなのですから、これは英単語を日本語に訳しただけの同義反復で、なにも説明になっていません。また、「人権の保障」や「民主的な経済社会の実現」は、社会が一国や地区というより狭い空間スケールを単位としていても同様に重要な課題であり、グローバル化とは直接の関係がありません。「資本移動」「企業の多国籍化」「労働力の移動」などをただ羅列するのではなく、それぞれがどのように違い、どのように関係しあって、全体としてグローバル化と呼ばれる今日の現象が生じているのか説明がなければ、グローバル化を理解することはできません。

ついこの間まで、地球規模の問題を扱うキーワードは、先進資本主義国と途上国との格差を考える「南北問題」であり、最貧途上国での飢餓でした。

では、グローバル化の議論の中で、途上国の飢餓や貧困の問題は、どうなってしまったのでしょうか。

こんにち、グローバリズムを語る人たちのなかには、グローバル化が進み、各国経済がますます相互依存を強めて、「財・サービス」「資本」「労働力」などの移動が一層活発になれば、世界の経済や社会の差異はやがて均等化されてみな同じになり、人々は同じような豊かさを享受できるはずだ、という主張があります。

かつて人々は、崩れたベルリンの壁の破片を見て、資本主義と社会主義を分け隔てていた仕切りが無くなり、国民国家が終焉し、のっぺらぼうの白紙のような舞台が地球上に登場するのではないか、という期待感をいだきました。この舞台上で、自由な市場の競争を展開すれば、アジアやアフリカの最貧途上国でいぜん人々を苦しめている貧困や飢餓は、おのずから解決されるだろう、という楽観的な見方が、世界に流布されました。

しかし、国連開発計画（ＵＮＤＰ）が世界の所得分配を描いたシャンパングラス[2]は、今日に至っても基本的に変わっていません。**図1**は、地球上すべての人々を人数で平等に五つに分けたとき、最上位の二〇％の人々に八二％の所得が集まっていることを示しています。「南北問題」は、いぜんとして地球規模の課題として存在しています。

それどころか、近年、世界の国々の間で、格差が拡大する兆候すらみられます。世界銀行が二〇〇二年に出した報告書は、「新たにグローバル化している国がキャッチアップを開始しているのに対し、これ以外の約二〇億の人口を有する国々…の成長率は全体的に見てマイナスとなった」[3]ことを認めています。

図1　世界の所得の分配

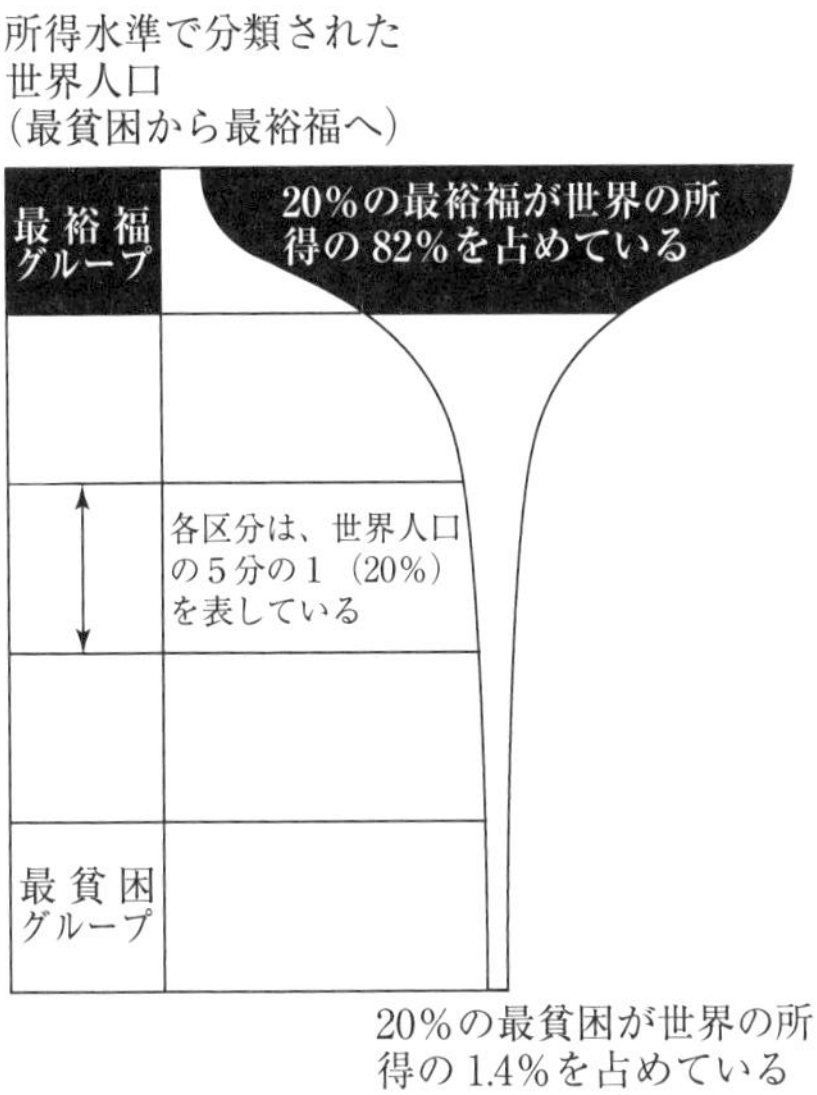

出所：注（2）参照。

では、これだけグローバリズムが進んだのに、なぜ貧困の問題はますます大きくなっているのでしょうか。グローバル・スタンダードにあわせるというふれこみで規制緩和や競争促進の政策が進められてから、私たちの暮らしはますます、厳しいものになってきているように感じます。

「感じ」だけではありません。日本の所得

格差は、統計的にみて、一九八〇年代から二〇〇〇年代初めにいたるまで、着実に拡大しています。また、家計支出の格差は所得格差をさらに上回り、貧困率（国民の平均所得の半分以下しか所得がない人の割合）は一五・三％に達し、OECD加盟高所得国の中で下から三番目です[4]。日本人の中で富者と貧者との生活消費水準がますます開いてきたことは明らかです[5]。グローバリズムは、貧困の問題を決して解決しなかったのです。

では、現在のグローバリズムで解決ができないとしたら、どうしたらよいのでしょう。グローバルなものは悪だから、ローカルを中心にものごとを考えればよくなるのでしょうか。

二〇〇四年春、私の勤務する大学の学生新聞記者が、グローバリズムについてのインタビューのため、研究室にやって来ました。高等学校を卒業してまもない学生記者は私に「あなたはグローバルを支持するのか、それともローカルを支持するのか」という選択肢をだしました。正しい方に〇をつけよ、というわけです。

黒でなければ白、というように、グローバルにローカルという対立軸をたてるこのセンター試験式選択肢の設け方自体に、私は少し驚きました。高等学校の教室で、こういう出来合いの対立軸をもとにグローバリズムが教えられ、生徒がこういう思考の枠組みを植えつけられて大学に入学してきているのだとしたら、大変に残念なことだと思います。

冷戦崩壊以来頭をもたげたグローバリズムという対象は、実は大変にこみ入った関係です。これを、単純な二択式思考はいわずもがな、古い社会科学の枠組みや、冷戦時代とおなじ思考の座標軸によって解くことは、できません。グローバリズムという現実がわれわれにしかけた知的チャレンジに自ら応戦し、創造的な問題意識と洞察力で課題に取り組まなくては、問題は解けません。

本書は、こうした知的チャレンジに挑む、ひとつの試みです。本書によって、高校生や大学生、そして市民の人々に、グローバリズムとはなにか、よりはっきりしたイメージを得る手がかりをつかんでもらいたいと思います。

はじめに、本書の構成を簡単に触れておきます。これまでに、グローバリズムと貧困問題の解決について出された考え方を類型化すると、大きく三つに分けられます。これらをまず、第一章で取り上げます。第二章では、この三つの考え方の類型を座標軸にすえながら、グローバリズムにかかわる世界史を概観します。こんにちのグローバリズムは、市場原理主義とネオリベラリズムという経済社会制度が主導していますから、第三章は、このネオリベラリズムと、それを理論的にささえる新古典派経済学についてさらにくわしく考察します。第四章では、ふたたびグローバリズムの三つの類型にたちもどり、これまでの考察を念頭におきつつ、ネオリベラリズム・多国籍企業・そして軍事力による力の政治、という三つの要素のどれもが地球規模に展開した現代のグローバリズムの実態と問題点を具体的にさぐります。そして最後の第五章で、多くの問題を孕むネオリベラリズム主導のグローバリズムにかわる、新しいグローバリズムのあり方を、考えます。

では、グローバリズムを考える知の扉に、みんなで進んでゆきましょう。

（1）　堀尾輝久他著『現代社会』実教出版、二〇〇三年、一六三ページ。
（2）　フランソワ・ウタール他『別のダボス：新自由主義グローバル化との闘い』三輪昌男訳、柘植書房新社、二〇〇二年、一四ページ。

（3）世界銀行『グローバリゼーションと経済開発』新井敬夫訳、シュプリンガーフェアラーク東京、二〇〇四年、五ページ。

（4）橘木俊詔「日本は有数の貧困大国」『日本経済新聞』二〇〇六年二月一〇日。

（5）大竹文雄「所得格差の拡大はあったのか」（樋口美雄・財務省財務総合政策研究所編著『日本の所得格差と社会階層』日本評論社、二〇〇三年、所収）四－九ページ。

第一章　グローバリズムとは何か？――考え方の三つの類型

グローバリズムは、最近になって急に始まったものではありません。

もっとも早くグローバリズムを起こしたのは、一六世紀の大航海時代のスペインとポルトガルでした。東アジアで、その影響力は日本にも及び、キリスト教を広める働きをしたことは、みなさんが日本史で学んだとおりです。

その後、英国、オランダ、フランス、ドイツ、ロシアなど欧州の列強が世界中に植民地をつくってグローバルに支配を行う、植民地帝国の時代が訪れました。オーストリアも、今の中・東欧を中心に、覇権領域を広げてゆきました。とりわけ英国の力は顕著で、「日の沈まぬ国」として、大英帝国の覇権は世界中に及んだのです。

このような、世界的な覇権の拡張は、中心に一つまたは少数の国が力を持つ、**結節空間** nodal space という性質をもってすすみました(1)（**図2**）。この結節点にある国が、世界的な空間の規模で、影響力ないし覇権を広げる過程がグローバリズムでした。

このグローバリズムについて、いくつもの考え方が出されています。それを大きく整理すると、三つの類型に分けることができます。

図２　ネットワークの２つのパターン（模式図）

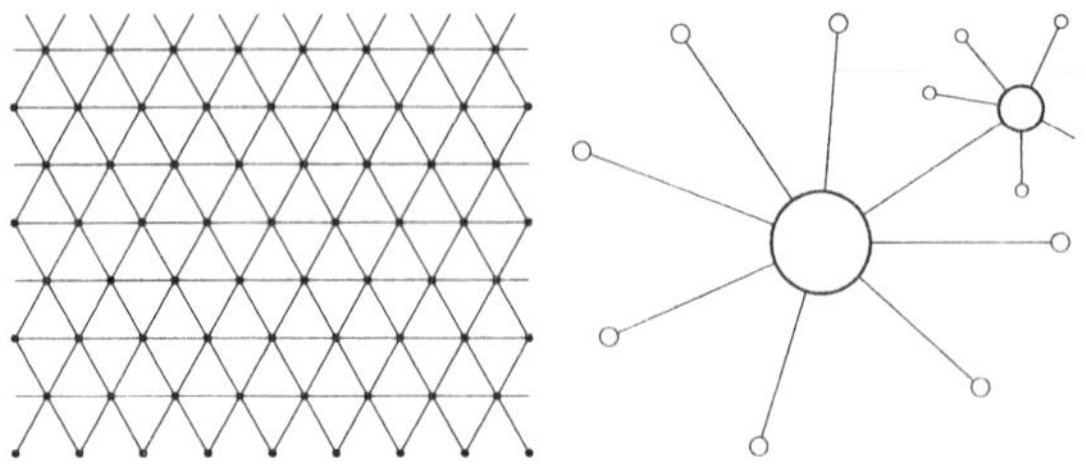

「新古典派経済学」の考え方

結節空間だった世界が、競争を通じて均質空間になってゆくと唱えるのが、**新古典派経済学** neo-classical economics のグローバリズム論です。

いま、経済主体が、誰もみな原子のように小さく、世界各地の経済状況について完全な情報を持ち、それに基づき自由に意思決定ができて、主体同士の競争は全く制約されずにグローバルなスケールで展開しているとします。すると、企業は、安い価格でしか売れない国で商品を販売するのをやめ、より高く売れる国に輸出するでしょう。これによって、価格が安い国では供給が減りますから価格が上がり、価格が高い国では供給が増えて価格が下がって、財の価格はいずれ世界中で等しくなります。水位が高いバケツの底と低いバケツの底とをホースで結べば、水がホースを移動して、両方のバケツの水位が同じになるのと同じことです。

このことは、より高い利子率を求めて動く資金や、より高い賃金を目指して動く労働力についてもいえます。こうして世界中が、みな同じ価格・利子率・賃金へと収斂《しゅうれん》してゆき、平等になる——これが新古典派の地域・空間経済論の主張です。

「多国籍企業論」の考え方

そうはいっても、現実をみると、グローバリズムが浸透してきたからといって、必ずしも世界中の経済が均質になってきたわけではありません。

なぜでしょうか。この疑問について、大きく二つの答えが考えられます。

一つは、グローバル経済・社会を構成する主体が、新古典派の地域経済論の前提する原子のように小さくなく、巨大な規模をもち、世界をまたにかけて企業経営をすすめる多国籍企業だからだ、というものです。

経済主体が原子のように小さければ、バケツの底のホースを通って移動する水の分子と同じように経済主体は自由に国々を移動できます。しかし、石やボールのように大きければ、ホースをうまく通れません。企業でも同じことで、企業の規模が大きくなれば、完全な競争にはならず、特定の企業が、特定の国で市場を支配してしまうのです。そして、そこから取り残された国は、貧困のままにおかれます。このことを基礎にグローバリズムを考えたのが、**多国籍企業論**、ないしは**新国際分業論**です。

「従属理論」の考え方

均質にならないもう一つの理由として主張されるのは、グローバリズムが、経済主体同士の関係というよりむしろ、国家間で支配し、また支配される関係だからだ、というものです。

この考え方によれば、世界の多くの途上国が貧困なのは、これらの国々が世界を支配するごく少数の超大国に従属せざるをえず、富は超大国に次々と吸い取られてゆかざるを得ない状況におかれているからだ、ということになります。

このような国家の力は、例えば、労働力の移動に認めることができます。労働力の国際移動は、入国管理や労働ビザの発給、そして非合法移民の摘発などを通じ、主として豊かな国の手で厳しく規制されています。このため、賃金の安い途上国から賃金の高い国への労働力移動は限られた形でしか起こらず、国ごとの賃金格差はなくなりません。途上国の労働は高所得国の資本に安くこき使われ続けます。空間的に移動できない途上国の資源も、豊かな国が軍事力を含む政治的な力でおさえようとするので、安く買い叩かれます。

このことに着目し、高所得国が途上国を収奪する国際的システムとしてグローバリズムをとらえようとしたのが、**従属理論** dependency theory です。

本章のねらい

この章ではまず、新古典派、多国籍企業論、従属理論という、以上三つの類型それぞれを比較・対照しながら、グローバリズムとは何か、考えを深めてみましょう。

そこでは主に、以下のⓐからⓖまで七つのポイントに焦点をあて、三つの考えかたそれぞれの特徴と論理の構成を説明します。

ⓐ　グローバルな経済は、どのような主体が編成するのだろうか。

ⓑ　グローバルな経済を編成する主体が世界的に取り結ぶ関係と、そこから生ずる過程は、どのようなものだろうか。

ⓒ グローバル化の過程によって、どのような世界経済の空間が編成されてゆくのだろうか。
ⓓ 編成された世界経済の空間において、途上国はどう位置づけられるだろうか。
ⓔ こうしてできた位置づけに基づいて、途上国は、自国の経済発展のため、いかなる政策をとりうるだろうか。
ⓕ この経済政策の結果として、途上国の貧困問題はどのように解決されるだろうか。
ⓖ それぞれの考え方は、現代のグローバリズムの現実の、どこをどのように説明しているだろうか。

では、グローバリズムを解明する知の扉を、ここにいよいよ開きます。

（1）経済地理学では、現実の経済や社会にある空間のパターンを、結節空間と均質空間という二つに分類します。本文の図2にみるように、結節空間というのは、移動と相互関係のフローが、都市などの結び目となる場所（結節点）を中心として放射状に広がっているパターンをもつ空間です。また、均質空間は、果てしなく広がる砂漠や草原のような、どこも同じ質をもった空間です。

1 新古典派経済学が流す「グローバルな収斂」の至福――第一の類型

まず、グローバリズムに関する第一の類型の考え方として、新古典派のグローバリズム論から話を始めることにしましょう。

そもそも、「新古典派」とは何でしょうか。「新古典派」の源流である「古典派」の経済学は、一八世紀に活躍した英国の経済学者、アダム・スミスにはじまります。古典派経済学は、原子のように小さな自立した経済主体が、自分の利益を極大化しようとして競争する結果、そこに神の見えざる手が働いてだれもが幸せになる最適の均衡がおのずと出来上がる、と考えました[1]。

いま、米国の経済学界を中心にもりあがっている新古典派経済学は、この古典派経済学を、より精緻な数学的枠組みをもちいて再生したものといえます。

新古典派経済学は、西欧的な個人主義・自由主義の考え方と合体して、貨幣により媒介される社会的分業システムである**市場経済** market economy を分析しようとする理論的枠組みになりました。これが、**ネオリベラリズム**（neo-liberalism　新自由主義、新保守主義）[2]の政策を支えています。

市場経済やネオリベラリズムの考え方そのものについて、詳しい議論は第三章に譲ることにして、本節では、グローバリズムに関係することがらを中心に、その理論的な特徴を追ってみましょう。

一点世界を前提したモデルを、そのまま地球空間に拡張

日本語では、「市場」と書いて、実際に物が売買される場所は「いちば」、経済学の概念は「しじょう」と読み分けます。しかし、中国語では、どちらも同じ「市場」と書きますし、英語ではどちらも market です。このことからもわかるように、新古典派経済学は、村の市場やバザールでの姿を思い浮かべて、市場経済の理論を考えているのです。

市場やバザールに広い土地はいりません。地球全体の広がりから見れば、それはまさに、針の頭のような「一点世界」です。そこに多くの人々が、自分が売りたいものを持って集まり、貨幣を入手し、その貨幣で自分の欲しいものを買って帰ります。芋を洗うように混雑した市場では、売り手と買い手との間で、価格をめぐる丁々発止のやり取りが行われます。隣の売り手の言い値より自分の唱える価格のほうが高ければ、離れてゆく買い手をつなぎとめるため言い値を下げます。ある売り手の価格が他より少しでも低ければ、その売り手のところに買い手が殺到するので、売り手は値段を吊り上げます。このような過程が無数に起こり、だれが指令したわけでもなく、まさに見えざる手の作用によって、一つの種類の財の価格が、一つの均衡点に落ち着くことになります。

新古典派が唱える市場経済の理論は、このような村の市場の「一点世界」で作用するような取引のありさまが、グローバルに広がった空間でも同様に展開することを前提します。村の市場という極端に小さな空間のスケールで起こっていることを、地球という最も大きな空間のスケールにそのまま押し広げ、グローバリズムを考えるのです。

では、新古典派が村の市場を頭におきながら考えたグローバルな経済と社会は、どのようなものと

なるでしょうか。

その第一は、世界経済を構成する主体の規模が、村の市場の売り手と買い手のように限りなく小さく、互いに独立し、貨幣のみで交換の関係がとり結ばれているということです。

第二に、ある財について、どこでそれが最も高く売れるか、どこで働けば一番賃金が高いか、などあらゆる情報が地球のすみずみにまで公開され、全ての人々に提供されているということです。

第三に、世界中すべての人々が、この情報にもとづき、自己の利益や効用を極大化するという利己的基準に沿って、合理的に行動を決定する、ということです。

第四に、距離の摩擦がまったくなく、貨幣も物も情報も人も、すべてが世界をまたにかけ瞬時に移動できるということです。

そして第五に、一つしかない村の市場と同じように、グローバルな経済は、完全に均質に統合された一つの単位をなしており、人々同士の垂直的な権力関係はない、ということです。

「グローバルな収斂」

この前提にたって、新古典派の地域経済論は、現実には多様な差異のある世界各地の経済が、あたかも一つの村の市場へと収束し、そこで均衡が達成されるかのようにグローバリズムを描き出します。

もし、国Aである商品を高く買ってもらえるならば、その商品の売り手は、これまで売っていた国Bで売るのをやめて、国Aで売ろうとするでしょう。これは、村の市場にその商品をもちこんだ売り手が、安くしか買わないBさんではなく高く買ってくれるAさんに売るのと同じです。すると、国B

ではその商品の供給が減るので価格が上がり、国Ａではその商品の供給が増えるので価格が下がります。この過程がすすみ、どちらの国でもこの財の価格は均衡します。

同様のことは、労働力についても当てはまります。途上国では低い賃金でしかやとってもらえないので、労働力がより高所得の国に移動します。あるいは、低い賃金で労働者を雇える途上国に投資が集まります。すると、途上国ではしだいに労働力不足になって賃金が高騰します。

また、途上国では資本が不足していることが多いので、人々が競って資金を借り入れようとします。すると資金を求める競争が激しくなって利子率は高くなり、この高い利子を求めて、高所得国から途上国へと資金が移動します。この資金で、途上国では産業を興すこともできます。

さらに、国Ａ（高所得国）ではある財を効率的に生産できず、国Ｂ（途上国）での生産が国Ａと比べて比較優位をもつとします。このとき、その財を国Ｂで生産して輸出すれば、国Ａとの経済競争に勝つ見込みがあります。

このようにして世界の経済関係が強まれば、しだいに途上国の経済は成長し、高所得国経済との間の差異は縮小し、グローバルな経済は、すべての経済変数について均衡して、あたかも村の市場を地球大に広げたように、全体として均衡します。

新古典派経済学によれば、このようにして、世界は均質になるのです。その過程は、誰かの計画的な意思によって統御されるべきものとは考えません。あくまで市場の**見えざる手** invisible hand により行われます。その作用が各所で順調に進むようにすれば、やがて、財の価格も、労働者が受け取る賃金も、そして資本が受け取る利潤率ないし利子率も、そして国の経済全体の経済成長のありさまも、世界中で等しくなるはずだ、だからそれによって世界中の人々が平等な経済を享受できるはずだ、と新古典派の人たちは考えるのです。これを、**グローバルな収斂** global convergence と呼びます。これこそ、経済のグローバル化がもたらす恩恵として、世に広く宣伝されているものにほかなりません。

ネオリベラリズムの強要と、「グローバルな収斂」への期待

しかし現実には、いくらグローバル化がすすんでも、高所得国と途上国との間にある格差は、なかなか縮まりません。新古典派の人々によれば、グローバルな収斂が現実に生じないのは、経済主体が自由に地球上を移動し、競争の見えざる手が思うままに作用することを妨げているさまざまの制度的障壁があるからだ、ということになります。

世界各国を見渡すと、各国の政府が課すさまざまの規制、制度で護られた国営企業や弱小産業、貿易をする際に支払う関税など、さまざまのローカルな障壁が現実に存在しています。このような、政府が自由な経済活動の作用に対し規制を加えたり、あるいは特定の企業が政府と結びついて特別な利益を取り計らってもらったりする行為は、市場の均衡に向かう作用を損なうものであるから廃止すべきだ、と新古典派の人たちは要求します。

そのため、WTO（世界貿易機構）、IMF（国際通貨基金）などの国際機関は、各国に、いっそうの規制緩和や民営化、そして関税障壁をできるだけ低くする経済政策の実行を迫ります。これが、ネオリベラリズムの経済政策です。

多くの国は、このイデオロギーを受け入れ、「改革」の努力をすすめるようになりました。そして

その先に、自分の国が成功する日を夢見ています。だから、多少の「改革に伴う痛み」はこらえるべきだと、国民を説得します。そして世界中の人々に、市場の見えざる手はグローバルに作用すれば、自分たちも世界中の人々と同じ豊かさを享受できるようになるはずだ、と期待をつながせます。

　こうして、今日の世界で、ネオリベラリズムの主張は、強く信仰されるようになりました。


世界経済は「グローバルに収斂」したか？


　では、ネオリベラリズムのイデオロギーが世界中の国に浸透し、各国が国境をより広く開放するようになった結果、はたして「グローバルな収斂」は、訪れたでしょうか。

　投資や資金は、たしかに世界中を自由に移動できるようになりました。コンピュータのクリック一つで移動できる資金が、利益を求めてグローバルに動き回るようになりました。

　しかしその結果、世界経済の均衡どころか、いくつかの途上国は投機資金に狙われ、大きな経済の攪乱や停滞をこうむっています。

　もともと、競争といえば、必ず勝ち負けがあります。全員が勝つ競争はありません。勝利の美酒を飲める人がいれば、負けて悔しい人も必ずいます。数としては、「負け組」になった人の数の方がはるかに多いのが現実です。

　市場で貨幣を武器にした競争をすることが最も正しい経済組織のあり方だと唱える新古典派の経済学は、競争が正当である以上、勝敗という結果も正当であり、それが生んだ帰結をすべての人々が当然受け入れるべきだと主張します。詳しくは第三章で触れますが、「勝ち組」はその勝利によって得た全てをわがものとし、「負け組」を支配することになるのです。そこに、全ての主体は平等であり、同じ権利を持つという、市民的な権利と自由の観念はまったくありません。あるのは、経済的な競争の権利と自由、そして勝者が敗者を支配し収奪する自由だけです。

市場均衡の中から生まれる空間的不均等

グローバルな収斂が実際に起こらない理由は、それだけではありません。新古典派の地域経済論は、均衡をめざす「見えざる手」それ自体のなかに、グローバルな不均等を作り出すメカニズムが潜んでいることを明らかにしています。

経済主体が一ヶ所に集積して立地すると、分散して立地した場合に比べ、輸送費や情報をやり取りする費用を節約できます。それにより、企業はより低いコストで経営できます。これを、集積に伴う**外部経済** external economy と呼びます。外部経済は、集積すればするほど追加投資あたりの生産量が増す、**収穫逓増** increasing returns という状況をつくりだします。企業は、集積規模の大きな都市に事業所を立地させれば競争に勝てる可能性が高まるので、おのずと大都市に集まるようになります。

いったん集積が起こると、そこに、「勝ち組」になることを夢見る事業所がさらに集まり、集積は雪だるまのように拡大してゆきます。こうして、グローバル経済には、集積地とそうでない場所という格差が必然的に出来上がります。

最も高次の集積地となっているのは、企業の管理中心が立地する、グローバルなハブとしての「世界都市」です。これに、東アジア、ヨーロッパなどの空間スケールでリージョナルな後背地をもつ、地域中心の都市が続きます。

最も高次なグローバル資本主義の管理都市である「世界都市」として、ニューヨークとロンドンがあり、アジアでは、これを受けて東京、シンガポール、香港、バンコク、ソウル、上海などが、リージョナルな地域中心の都市としての機能を競っています。

グローバリズムは、のっぺらぼうに広がる均質な広がりなのではなく、こうした都市が中心となり、その周辺にその影響圏が及ぶ「結節空間」が多数折り重なるというグローバルな都市の空間編成の上で展開しているということを、新古典派の地域経済論も認めているのです。

収穫逓増を前提すれば、市場の均衡は、決してグローバルな空間の均質化をもたらすわけではありません。逆に、経済主体を空間的に集積させ、大都市から小都市にいたる、都市の階層的体系をつくりだすのです。[3] 新古典派の均衡という枠組みの中だけで考えても、実は「グローバルな収斂」は、起こらないのです。

(1)　経済学には、従来の新古典派がおいた、生産要素が完全に充用しつくされているという前提にとらわれないところから、自らを新古典派ではなく「ポストケインズ主義者」と唱える人々もいます。収穫逓増による集積を唱えた経済学者、クルーグマンもその一人です。しかし、これらの人々も、基本的には、新古典派のとなえる人間類型に依拠し、均衡を求める点で変わりありません。この点を踏まえ、本書では、これらもあわせ広い意味で「新古典派」という言葉を用いることにします。なお「近代経済学」という語は、外国には通用しない日本独特の用語法です。

(2)　ネオリベラリズムは、直訳すれば「新自由主義」となりますが、そこで主張されているのは経済的な自己利益追求の自由だけで、社会的・市民的自由の概念は含まれていません。本書の第二章を読めば明らかのように、むしろ、「ネオコン」(neo-conservatism) と訳される立場と親和性が強いといえます。

（3） 本書では詳しく触れることができませんが、中心地理論と呼ばれる経済地理学の理論によれば、商店の経営が成り立つため最小限必要な需要の空間的な規模が商品ごとに違うために、この集積規模も都市によってさまざまとなり、原子的経済人がになう市場の見えざる手に経済の空間的なプロセスを委ねると、大小さまざまの集積規模を持つ都市から成る都市の階層的な体系という、不均等な空間が成立することが、証明されています。

2 多国籍企業の経営戦略が編成するグローバルな空間——第二の類型

多国籍企業：グローバル経済の現実の担い手

そもそも、現代のグローバルな経済が、たとえていえば街角の雑貨屋か町工場のような小さな経営だけで成り立っていると考えること自体、はなはだ非現実的です。では、実際にグローバリズムを担っているのは、どのような経済主体なのでしょうか。

現実のグローバリズムを経済的に担っているのは、巨大で市場を寡占的に支配する**多国籍企業** multinational corporations です。多国籍企業が、自らの規模を原子的経済人のモデルに合致するまで小さくしたり、あるいは情報の完全性という前提に従って自企業の秘密を自発的に開示したりすることはありません。

多国籍企業とは、複数の国に複数の事業所をおいて業務を展開しています。ソニー、フォルクスワーゲン、ネスレ、マイクロソフト、三星《サムスン》など、世界的に著名な製造業は、すべて多国籍企業となっています。物を製造するのではなく、文化をつくるディズニーやハリウッドのエンターテイメント産業、そしてホテルのヒルトンなども多国籍企業です。

多国籍企業が組織する経済のありさまは、新古典派経済学の唱える、見えざる手が作り出す経済システムと、大いに異なります。

産業構造の面でみれば、多国籍企業は、競争相手の数が少ない寡占企業なので、ライバル企業がどのような行動をとるか、ある程度予測できます。そこで多国籍企業は、選択肢の中からいくつかのシナリオを考え、自分が一番有利になりそうなシナリオに沿って行動したり、あるいは競争相手とカルテルなどの協約で結合したり、あるいは買収を挑んだりという、寡占的競争を行います。

巨大な多国籍企業は、原子的な経済人と異なり、小回りがききません。その企業に特有の、ブランドイメージ、原料ならびに製品市場の恒常的な取引ネットワーク、その企業が開発し特許を取得した技術などの、「埋め込まれた」有形・無形の資産を大量にもちます。多国籍企業はまた、企業間の合従連衡などにより、新規に参入しようとする企業を圧倒します。

多国籍企業は、各国家に固有の経済特性、各国のインフラ整備状況、国境に封じ込められている労働者の資質や教育状況、そして、各都市がグローバルな都市の**空間編成** spatial configuration に占める位置に規定された輸送や通信などを包括的に考慮して、その事業所の立地を決定します。

事業所は、いったん立地するとその場所を変更することは困難で、撤退には多大のコストがかかります。しかし事業が成功すれば、進出した国の原料や市場を支配し、思いのままにふるまえます。それゆえ、多国籍企業がその事業所を海外に配置する際は、失敗のリスクを減らし、費用を切り下げ、高い利潤が上がるよう、グローバルな空間をにらんで周到な計画が立てられます。

投資を保護するため、多国籍企業は、必要とあらば、海外の投資先で、汚職と腐敗に満ちた現地政府との間に、癒着関係を平気で結びます。資源を扱う「メジャー」と結びついて、軍事力による威嚇やその実際の行使により資源を獲得することもあります。

多国籍企業は、都市のグローバルな空間編成に対応して不均等に展開する

多国籍企業は無国籍ではありません。どの多国籍企業も、その創立の経緯、本社所在地、経営方式、上級社員の国籍などについて、明確な「本籍」があります。ソニーは日本、マイクロソフトは米国、そして三星は韓国にそれぞれ本籍をおく企業です。

欧米系多国籍企業の場合、途上国の現地事業所のトップに、その企業が本籍をもつ国の大学に留学経験をもつような人材をすえ、この現地トップに短期・中期的な目標を与えた上で、相当に幅広い裁量権を許してその目標の実現を目指させることがあります。しばしばこの人事政策が、現地トップにほとんど常に日本人を配置する日本の多国籍企業と欧米系多国籍企業のちがいであると指摘されます。

しかし、この違いはあくまで相対的なものです。欧米系企業であっても、本社にいる上級社員がほとんどその企業の本籍の国籍をもった人々であることに、変わりはありません。多国籍企業のグローバルな展開は、同時に、多国籍企業を支配する民族と、その経営の末端に位置付けられた民族との関

係という要素ももっているのです。

多国籍企業は、本籍地に立地する、明確な利益最大化の方針をもった本社経営陣の下に、多数の事業所をかかえています。組織内部は計画的に組織化され、経営陣の「見える手」よって操られます。その事業所組織は、本社・研究所・地域本社・支社・営業所・工場・駐在員事務所……のように垂直に階層化されています。本社に陣どる経営のトップは、株主からの委託を受け、ライバル会社の経営方針をにらみつつ自らの企業の戦略的な経営目標を定めて、それをこの組織体系に乗せて、本社に従属する下部の事業所におろし、実行させます。

新国際分業と空間統合

かつて企業は、自分の国で製品を一貫生産し、その完成品を貿易していました。しかし今日では、技術革新に伴って、製品の工程は、ばらばらに分割できるようになっています。川にたとえると、最初の原料は水源地、完成品は河口にあたり、生産工程は河流の区間ごとにバラバラに分けられます。これを、生産工程の**垂直分割** vertical disintegration と呼びます。

多国籍企業は、そのグローバルな展開の中で、工程ごとの技術的特質・ならびに生産物そのものの特質に応じ工程をいくつかに分割し、それぞれを最適の国に配置し、独自のグローバルな産業空間を編成してゆきました。

例えば、パソコンには、演算処理するプロセッサと呼ばれる高度な技術を要する半導体もあれば、単にプラスチック成型加工という伝統技術の応用に過ぎないボディもあります。現在広く普及しているPC／AT互換機（いわゆるDOS／Vパソコン）のように、いったん回路設計が標準化されてしまえば、インテルなど米国のメーカー製のプロセッサを組み込んで、それなりの企業ならどこでもその中心の部品であるマザーボードを組み立てられます。こうなれば、高度な熟練・独創性や科学技術の知識を必要とするプロセッサの研究・開発と生産は米国で、そして既に十分標準化されたマザーボード組立のような工程は台湾で、というように、工程ごとに違う国で生産が行えます。

こうした生産工程の垂直分割する技術的な可能性が現実のものとなったのは、発達した交通・通信技術が通信・物流の高速化・大容量化を進め、グローバルな**空間統合** spatial integration をつくりだしたからです。

企業はこれらの要因により、世界中をにらみながら、分割された各工程が最も安いコストと最大の効率で中間製品に加工できる国や都市に工場を配置できるようになりました。例えば、労働集約的な工程は、低賃金労働が大量に利用できる国に配置されます。これが、一九八〇年にドイツの経済学者フレーベルらがその存在を明らかにした**新国際分業** new international division of labour, NIDL です。

この新国際分業において、A国にある本社とB国にある末端の事業所との関係は、企業内部の本社と事業所との関係そのものです。

この点を、新古典派の地域経済論も認めている、グローバルな都市の空間編成に即して考察してみましょう。まず、企業全体の本社と最先端の研究所は世界都市にあります。戦略的な研究開発は、本社の中・長期的経営戦略と直接つながり、会社の管理中枢すなわち本社と密接な連携を保たなくてはなりません。そこで働く研究員は、多国籍企業の本籍と同じ国籍を持つ場合が多くあります。地域本社や新鋭製品の工場は、そのリージョンの中心都市に立地します。そしてその下のランクの地方都市に営業所が作られ、多数の低賃金労働力のプールがある途上国の農村部などには、技術的に成熟した商品の労働集約的工場が立地します。これらの途上国にある末端の工場や営業所で雇用される下級職制と労働者のほとんどは地元採用で、その事業所がある国と同じ国籍の市民です。

それゆえ、世界都市から地方都市、そして農村へというグローバル経済の階層的編成は、寡占的な多国籍企業組織の垂直的関係を、グローバルな都市のネットワークにそくして空間的に横倒ししたものであり、企業の支配と技術の体系を反映し、支配と従属の関係を帯びます。

なお、生産工程の分割ではなく、関税障壁の回避や需要確保という目的で、多国籍企業が事業所を特定の需要国に配置することもあります。この場合、ターゲットとする需要空間、とりわけ大きな都市集積に住む人々の間で、その企業の製品の十分なシェアを確保できる見通しが不可欠です。他の競争相手の企業がすでにシェアをおさえていれば、その市場に新規参入をあきらめるか、そうでなければ、ライバル会社を打ち負かすだけの低い価格あるいは洗練された品質を持つ製品を用意しなければなりません。

多国籍企業の中でも、観光業だけは少し違います。二〇〇三年には世界の総輸出額（財とサービス）の六%、五二五〇億米ドルという巨大な市場規模[1]を持つに至った観光業は、観光地で生産されたサービスが供給と同時に同じ場所で消費されるという特性をもちます。移動するのは製品でなく、日常からの一時的な脱却と、多くの場合多国籍企業自身がプロデュースする「観光のまなざし[2]」によって地元の文化を歪めて作られたテーマパーク的なイメージを求めてツーリズムに参加する、観光客たちです。このような性格からいって、多国籍企業がになうグローバルなツーリズムは、空間統合のそれなりの結節点となる都市の近くにありながら、かつ日常性から脱却できる「未開」の要素をはらんだ場所で展開されることが比較的多くなります。

このような事業所の空間編成を構築する上で、多国籍企業は、ネオリベラリズムのもとで行われるさまざまの政策を支持し、活用します。とくに、途上国が自国の幼稚でまだ成長力が弱い産業を守るために行っている規制、自国の中小企業や労働者を保護するためにとっている規制を、できるだけ撤廃させたいと考えます。この点において、多国籍企業が編成する世界経済の空間は、ネオリベラリズムの経済政策を前提しており、そのかぎりで、グローバリズムの第一の類型と親和性をもつことになります。

周辺フォーディズムによる途上国の貧困問題の解決？

途上国の市民が、このようにして配置された多国籍企業の事業所に雇われて労働力となれば、賃金として現金収入を得ることができ、しだいに購買力が増します。こうなれば、地元需要向けの産業が、その国に発達し始めます。こうして、途上国の貧困問題は、ある程度解決に向かうでしょう。この状況が、第二章四節で詳しく学ぶ**周辺フォーディズム** peripheral Fordism です。

製造業ではなく資源開発や観光業の場合でも、開発によって得られた鉱区の権益収入や観光客が落とす所得で国家がインフラを整備すれば、さらに多くの投資や観光客を招き入れることができるかもしれません。これによって市民がより豊かな公共サービスを受けられることとなれば、やはりそこには周辺フォーディズムができあがります。

受入側の途上国政府は、この周辺フォーディズムがうまく自国に根付くことを夢見て、多国籍企業にアプローチします。多国籍企業としても、巨額の投資を行うのですから、投資を行う国の政府の首脳と結びついて、その投資を政府に護ってもらい、投資のリスクを最小化しなければなりません。工場立地のための土地の獲得、鉱山開発での採掘権確保や、商品の販売に特定の多国籍企業だけが許認可を受けることなど、多国籍企業にたいし途上国政府は数々の援助を行います。

観光産業ならば、美しいビーチ、白く高い峰が望める高原、あるいは世界遺産の遺跡がある都市などを観光開発し、航空会社とタイアップして、パックツアー客を海外から大量に呼び込むことが必要です。こうした開発に、政府が密接にかかわっていることは、いうまでもありません。例えば、タイ南部のプーケットを多国籍観光資本が投資するビーチリゾートとして開発するプロジェクトでは、そこに先祖伝来住んでいた人々が、タイ政府によって力づくで追い出されてしまいました。

しかし、いくら途上国政府が卑屈になり、多国籍企業の要求に耳を貸したところで、各国が実際に周辺フォーディズムによって貧困から抜け出せるかどうかは、完全に多国籍企業経営者の意思に委ねられています。幸い多国籍企業の立地が得られても、資源を収奪されたり、高所得国がつくりだす文化によって自民族の文化がゆがめられたりという屈従を忍ばなければならないかもしれません。

政府が頼りにならない、労働力の質に満足がいかない、国内の治安が悪い、魅力的な観光地や資源がない、あるいは空間統合のためのインフラが整備されていない、などの理由で、多国籍企業経営者が事業所を立地させない国は世界に沢山あります。これらの「良好な投資環境がない」とみなされた国は、多国籍企業主導のグローバル経済からほぼ完全に取り残されてしまっているのです。これらの国々では、人々が、飢餓を含む絶対的な貧困に苛《さいな》まれ続けます。

(1) http://www.world-tourism.org/facts/eng/economy.htm
(2) ジョン・アーリ『観光のまなざし：現代社会におけるレジャーと旅行』加太宏邦訳、法政大学出版局、一九九五年。

3 覇権国家が周辺国を従属させる政治・経済空間——第三の類型

多国籍企業論は、途上国への産業立地の展開、とりわけNIES諸国・地域の発展につれて、一九七〇年代頃からグローバル経済の現実への説明力をつよめ、支持されるようになりました。それ以前に、グローバルな規模での経済システムを扱い、世界の貧困問題を考察する論者に比較的支持されていた考え方として、**従属理論**というものがあります。これは、覇権国家ないしその集合体が、その周辺を植民地ないし従属国にして政治的・経済的支配を行う世界システムとしてグローバリズムをとらえようとするものです。

従属理論は、米国が、自身の「裏庭」のように考えて、その諜報機関であるCIAなども動員しつつ支配を強めようとしていた中南米において、それに対抗する社会運動の中で発達してきました。

「中枢」による「周辺」の支配

従属理論は、世界を、高所得諸国からなる「中枢」と、途上諸国からなる「周辺」という二つの要素を備えた、結節的な政治・経済空間ととらえます。中枢は、経済・政治・軍事などあらゆる力を使って周辺から富を奪い、周辺を支配し続けます。中枢諸国にとって、周辺としての途上国は、低賃金労働力や資源を略奪するための草刈場です。また、高所得国は、途上国に製品を高い値段で売りつけ、途上国の生産物を安く買い叩きます。要するに途上国は、高所得国に都合よく利己的に利用されて、済んだら紙屑のように捨てられる存在にすぎません。

これは、資本主義社会に資本家と労働者という二つの階級がおり、資本家階級は労働者階級に支払う賃金をぎりぎりに切り下げて労働者を搾取する、というマルクス主義が唱えた垂直的な階級関係の理論と、グローバルな空間における国相互の関係とを相同的にとらえ、前者を後者にいわば横倒しした考え方です。世界の政治経済空間は、グローバルな資本家である中枢諸国が、グローバルな労働者である周辺諸国を搾取する、階級的な関係から成っていると考えられます。

プランテーション農業で生産されるバナナなどの果物、石油や天然ガスなどは、中枢の高所得国で生産することができないか、生産できたとしても多くの場合、量が足りません。そこで、中枢諸国は周辺を搾取してこれらの財を入手します。この関係は、植民地が政治的に独立したあとも、続きます。世界の資本家である高所得国は、政治的・軍事的な覇権をしっかりと握り、**新植民地主義** neo-colonialism の関係を維持して、世界の労働者としての途上国を力で支配し続けます。

この支配と従属の中で結ばれる中枢と周辺との経済関係は、対等・平等な経済主体同士の関係ではありえません。それは、中枢が周辺を権力で抑えつけて、国際的な不等価交換を強いる関係です。

こうして、途上国から、高所得国へと富が流出し続けます。途上国の富は失われ、途上国の人々は永遠に貧困に苛まれます。中枢はぎりぎりまで周辺を搾取し続け、周辺を永遠に貧困のままに置くため、発展の可能性は早くから摘まれ、ＮＩＥｓのような国・地域が発展する余地はありません。

それゆえ、周辺の途上国が中枢諸国と経済的なかかわりを持ち続ける限り、グローバル経済においては、繁栄と貧困が対立する「南北問題」という鋭く二極対立する空間の編成が続き、周辺諸国は自立できません。

中枢からの切断、周辺の自立、そして中枢への攻勢とグローバルな解放

では、このような従属的な状態から解放され、経済・社会発展を実現するため、周辺の途上国側はどうしたらよいのでしょうか。

周辺とは、グローバルな経済の中で中枢に対して途上国が占める相対的な位置をあらわすものですから、途上国が高所得国との関係を断ち切れば、途上国はもはや周辺ではなくなります。それゆえ、途上国がとりうる唯一の前向きな戦略は、自らが、政治的に独立するだけでなく、経済的にも自己の領域を周囲から閉ざして自立することです。

途上国は、自らをグローバル経済の覇権的空間から切り離し、これ以上の富の流出を食い止めなくてはなりません。こうして途上国は、自らを「脱周辺化」します。そのうえで、途上国の貧困な市民が主体となって、持ち前の資源や技術を最大限に活用し、封鎖的な経済圏を構築して、経済と社会の

「自力更生」による工業化を図り、内発的な経済・社会発展を図ることとなります。

途上国が、海外から財を輸入するのをやめて、それを国内で自給できるようにする**輸入代替** import substitution 工業化政策は、この内発的な発展政策のうち、比較的マイルドなもので、ブラジル、インド、そのほか多くの途上国で現実に採用されました。

さらにラディカルな方向性として、こうして脱周辺化された諸国が、中枢に向けて武力を含む攻勢をかけ、中枢が支配するグローバルな世界システムを解体することが構想されます。すなわち、資本家と労働者という資本主義の垂直的な階級関係をそのまま空間に横だおしするという従属理論の認識に忠実に、周辺が、中枢と闘争し、自己を解放してグローバリズムをわがものにするべきであると主張されます。それはあたかも、労働者階級が革命によって自らの社会主義国家を打ち立てようとするのにも似たグローバリズム変革の道筋です。このことから、フランスにおいて革命を導き、社会の主体となることに成功した平民の「第三身分」になぞらえて、途上国を**第三世界** Third World と呼びならわす流れさえ現れました。

このような思想と政策により、途上国が経済的な独立を勝ち取って、市民の自治によって自国内でその富を主体的に活用できるようになり、さらには、このような自治を困難にしているグローバルな覇権勢力を打ち破ったとき、貧困問題ははじめて主体的に解決されます。

従属理論は、ＮＩＥｓの台頭という途上国開発の代替策が現れるまで、一貫して、グローバリズムに対抗する最も有力な論理と考えられ、途上国に政策の理論的枠組みを提供し、また闘争の理論的武器として用いられました。

キューバで社会主義革命を成功させたあと、アフリカへ、そして南米へと移動して、周辺発の世界革命を構想しつつ、米国CIAの支配下にあったボリビア軍に殺害されて最期をとげたチェ・ゲバラは、周辺を解放し、世界を導く地位につける運動の希望の星でした。また、朝鮮民主主義人民共和国（北朝鮮）の「主体《チュチェ》思想」も、もともとこうした脱周辺化を目指した考え方で、一時期アフリカの新興独立諸国に大きな影響を与えました。さらに、一九七〇年代前半までの毛沢東主義時代の中国もまた、自らを「第三世界」の盟主と規定し、アフリカなどに積極的な援助を行いました。中国の援助によって、アフリカのタンザニアとザンビアを結んで建設されたタザラ鉄道（タンザン鉄道として日本では知られています）は、こうしたアフリカの「第三世界」の空間統合を図り、自立を促す手段でした。

今日でも、「従属理論」の考え方は、社会運動において、決して力を失ったわけではありません。WTOや世界経済フォーラムなどが開かれるたびに、それに対抗して、「反グローバリズム」を唱え、「ローカル」を強調する激しいデモや集会が繰り広げられています。これらの主張には、この従属理論の考え方がいぜん色濃く投影しています。また、日本国内で「内発的発展」を唱える潮流にも、従属理論と共通する論理構造を感じ取ることができます。

世界覇権の中枢が存在し、従属的な周辺も存在し続ける

では、今日、従属理論を裏付ける、中枢が周辺を強圧的な制度によって支配する現実は、なくなったのでしょうか。

詳しくは次章以下で述べるように、米国は、世界唯一の帝国としての地位を確立し維持するため、

国際政治に関わる第二次大戦中の国連創設と、経済にかかわるブレトンウッズ体制に始まり、戦後一貫して、政治的・軍事的にさまざまの権力をふるってきました。

社会主義の中国とソ連が存在したとき、それは、社会主義を封じ込める冷戦体制という形をとりました。

冷戦が終わって米国が唯一の超大国となった(1)あと、一九九九年に、米国はNATOを動かして、国連決議もないまま、ロシアと結びついてコソボの支配を強めていたセルビアの諸都市を空爆しました。ニューヨークの世界貿易センタービルなどが攻撃された二〇〇一年九月一一日のあと、米国は、世界に展開する自国の強大な軍事力を積極的に動員して、親米の「有志連合」を味方につけながら、その独自の判断で、アフガニスタン、イラクという二つの主権国家を武力で侵略しました。アフガニスタンには、米国の傀儡（操り人形）であるカルザイ政権が強引に樹立されました。

従属理論は、グローバリズムの現実の一面について、いまなお説明力を有しています。

（1）　最近、ネグリとハートという二人の著者が『〈帝国〉』という本を書き、ポストモダニズムの立場から〈帝国〉の理論を展開しました。その中で著者らは「いかなる国民国家も、今日、帝国主義的プロジェクトの中心を形成することはできないのであって、合衆国もまた中心とはなりえない」と述べています（アントニオ・ネグリ、マイケル・ハート『〈帝国〉』水嶋一憲他訳、以文社、二〇〇三年、六ページ）。しかし、そのような現実は決してありません。国民国家はグローバリズムの構成単位としてしっかり存在し、その中で覇権を強める米国と、その対極として米国に従属する周辺諸国が、しっかり現存します。

表1　グローバリズムと途上国の貧困の解決をめぐる三つの考え方の類型（まとめ）

	第一類型 **新古典派**	第二類型 **多国籍企業論**	第三類型 **従属理論**
ⓐ **グローバリズムを担う主体**は…？	原子のように微小な自立的個人としての、経済主体。	巨大な資本と世界に複数の事業所を持つ、多国籍企業。	国家の権力を背景に持った巨大企業ないし国家そのもの。
ⓑ ⓐの主体がグローバルな空間にまたがりどのような**関係**を取り結び、どのような**過程**がそこから生ずるか…？	村の市場と同じ、自由放任な市場関係。主体間の競争の「見えざる手」により、経済・社会の諸要素が均衡に向かう（しかし、収穫逓増のため、各所に都市集積と都市の階層体系が生れる）。	企業の本籍国に立地した本社が、企業組織の階層体系を反映して世界各地に配置した事業所同士の関係。グローバルな産業空間は、世界都市を中心に階層システムをなす。	世界の資本家たる高所得国＝「中枢」が、世界の労働者たる途上国＝「周辺」を政治力・軍事力を用いて支配。中枢諸国は、周辺諸国から永続的に富を搾取し続ける。
ⓒ ⓑの過程によって究極的に作り上げられることになる**世界経済**の**空間編成**のありさまは…？	「グローバルな収斂」によって均等化すると主張されるが、都市集積を結節点とした、不均等な相互の階層性をはらんだ空間編成ができるとする考え方もある。	新国際分業とプロダクトサイクル論が示す、技術の高度化の度合に応じた生産のグローバルな階層的体系。	ますます発展する中枢と、ますます停滞する周辺ないし「南」に、格差は永遠に拡大。
ⓓ ⓒの編成の中で、**途上国**はどう位置づけ	「グローバルな収斂」の過程で、いずれは消滅する一	低賃金労働力の供給基地。資源供給地やマスツーリズ	労働力、農産物、天然資源、地元の文化などを中枢諸国

られるか…？	時的な存在。	ムの目的地ともなる。	に安価で収奪される供給基地。
ⓔ ⓓの位置づけに基づき、**途上国が経済発展するための処方箋**は…？	「見えざる手」の作用を損なう規制の緩和・民営化・競争促進など、ネオリベラリズムの政策を推進する。	多国籍企業の事業所を、その国の外交力と経済政策を用いて積極的に誘致する。	グローバル経済から自らを断ち切り、閉鎖的な経済圏を構築して自立的な発展を図る「脱周辺化」。
ⓕ ⓔの政策の結果として、**途上国の貧困問題**はどう**解決**されるか…？	途上国は比較優位をもつ財の生産に特化し、輸出拡大で経済成長実現。貧困は、「グローバルな収斂」により、途上国の経済水準が先進国と平準化することで解決。	多国籍企業が作り出す雇用機会において貧困者や失業者が輸出向け生産に従事することで賃金を獲得し、「周辺フォーディズム」を実現することにより解決。	貧困な自国がみずから主体となり、自前の資源を用い、自国の封鎖的経済圏内部で、輸入代替工業化・内発的経済発展・社会主義建設等を行うことにより解決。
ⓖ この考え方は、**グローバリズムの現実の過程**のうち、どれを裏付けているか…？	投機を含む資金や、投資、貿易される商品の国境を越えた野放図な移動。「グローバルな収斂」による平等化の至福が訪れるという期待をふりまくイデオロギー。	多国籍企業経営者の「見える手」が、都市の階層的な空間編成体系と相同的に構築した、グローバルな企業経営の階層体系。	冷戦崩壊後唯一の超大国となった米国による、軍事・政治力を用いて世界を覇権下に収め、従属化しようとする世界政治・経済システム。

第二章　グローバリズムの展開と覇権の変遷

前章で私たちは、グローバリズムの考え方に大きく三つの類型があることを学びました。「まとめ」の**表1**のⓖに示したように、私たちの目の前ですすむグローバリズムは、この類型それぞれを概念的な背景にもつ三つの異なった関係をはらんでいます。

その第一は、新古典派の経済学とネオリベラリズムのイデオロギーを基盤とし、これによって生まれた規制緩和と国境の透過性増大を足がかりとして広がる投機資金などのグローバルな動きと、収穫逓増を実現しようとして集積する経済機能がもたらした都市のネットワークです。

第二は、多国籍企業を単位として、都市の階層的ネットワークのうえに、経営者の意思決定のもとで計画的に配置された、実物・サービスの生産がつくりだすグローバルに階層的な事業所の空間編成です。この空間をたどって、投資資金・貿易財・観光客などが移動します。

そして第三は、国家を単位とするグローバリズムで、冷戦後の世界政治・経済・社会の中枢としてグローバルに覇権をおよぼす米国と、それ以外の国の多くが周辺としてこれに従属する、結節的な政治空間です。

第二章では、この点をふまえ、現実のグローバリズムに層をなして折り重なっているこの三つの関係がどのようにしてできあがってきたのか、グローバル化の歴史を三つの期に分けて考えてみることにしましょう。

1 スペイン、ポルトガルからイギリス、フランスの覇権へ――グローバリズムの第一期と第二期

グローバル化は、最近始まった現象だと思っている人もいるかもしれません。しかし、世界をまたにかけて人や物が動く現象は、遠く昔からありました。

そもそも、アフリカで猿から進化したといわれる人類が世界中に広がったこと自体、一つのグローバル化です。文明の中心は、エジプト、メソポタミア、中国、ギリシア、ローマなど各地にでき、それらは、古代にアジアとヨーロッパを結んで開かれたシルクロードなどを経由して、交流を行っていました。

文明の「中枢」は結節点となって、その周囲に影響を与え、そのまわりが中心の政治・経済力により支配されるようになります。シルクロードは、中国、イスラム、そしてヨーロッパといういくつもの文明を結び、沿道を、中枢から影響を受けた「周辺」に変えてゆきました。

グローバリズムの第一期――大航海時代

一五世紀末に訪れた大航海時代は、歴史上に起こった最初のグローバリズムといえるでしょう。第

一期のグローバリズムは国家を単位とするものですから、これは、前章でいうグローバリズムの第三の類型に属します。

この時期のグローバリズムは、中枢のフロンティアを、まだどこの覇権国の支配下にもおかれていない、ヨーロッパ人にとって未知の空間へと拡張することができたという点で、それ以後のグローバリズムと異なります。つまり、この時期のグローバリズムは、覇権国家どうしの戦争を伴わなかったのです。

フロンティアのこうした拡張は、国際法上「無主地の先占」と呼ばれますが、一部の無人島などを除き、もちろんそこは無主地ではなく、長い間先住民が生活を営んできた領域でした。そこには、インカのような国家さえ出来上がっていました。ヨーロッパ人がそれを力づくで破壊し、植民地としたことは、先住民の生活・経済領域に対するまぎれもない侵略行為にほかなりませんでした。

ポルトガルは、イベリア半島を出発し帆船を用いて南米に向かい、今日ブラジルとなっている南米の土地で染料や砂糖の原料となる資源や農産物を獲得しました。また、香辛料を求めて東方にも向かい、アフリカのアンゴラとモザンビーク、インドのゴア、マレー半島のマラッカ、中国のマカオなどの通商拠点を経て日本に至る、長大な貿易ルートを築きました。終点となった長崎では、安土桃山時代にポルトガル人が土地を買い占めており、もう少しポルトガルの世界覇権が続いていたら、長崎もポルトガルの植民地になっていたかもしれません。

ポルトガルとスペインがグローバルに覇権を及ぼす中枢となったこの時代は、貿易取引のみが目的だったわけではなく、非ヨーロッパ世界を侵略し、植民地として確保した領域にある富を収奪するものでもありました。スペインは、今のボリビアにあるポトシをはじめ中南米各地に金・銀の貴金属鉱山を確保し、そこで鋳造された銀貨を世界に流通させることによって、世界の富と経済を支配しました。

グローバリズムの第二期——植民地主義の時代

一六世紀末から一七世紀はじめにかけて、スペインとポルトガルが衰退するのと入れ違いに、スペインと闘い独立したオランダが覇権を握りはじめました。このころから、覇権国家同士の戦争によってライバル覇権国からの領域奪取をめざす**帝国主義戦争** imperialistic war が頭をもたげます。もっとも、まだヨーロッパ列強の侵略を受けていない先住民の生活領域も多く存在しましたから、先住民の征服によるフロンティア拡大という要素も並存していました。

アジアでオランダは、マラッカを攻撃してポルトガルから奪取し、太平洋に浮かぶ島々を侵略して、オランダ東インド会社が経営する植民地にしました。そのあとは、現在そのまま独立し、インドネシアという国になっています。

日本でも、ポルトガルに代わりオランダが覇権を及ぼしはじめました。安土桃山時代にポルトガルが布教したカトリックは、日本でも多くの人が信ずるまでになっていたのです。これが徳川幕府によって禁止されたことに抗して、一六三七年に、天草四郎をリーダーに、日本のカトリック教徒たちは島原で立ち上がりました。有名な「島原の乱」です。これについては、農民一揆という国内政治の側面が強調されすぎ、これを弾圧した徳川幕府の軍勢にオランダ軍が加勢し、ポルトガルの援軍を待つカトリック教徒がたてこもった原城に艦砲射撃を加えたことは、あまり知られていません。欧州でスペインの占領下にあったポルトガルの援軍はなく、敗北したカトリック教徒は虐殺され、殉教し、一部の教徒はマカオに亡命します。ポルトガル勢力は日本から追放され、オランダだけが外交・貿易関係を通じて日本を影響下におきます。グローバルな視野で考えると、島原の乱は、マラッカの争奪と似て、北東アジアにおいてオランダとポルトガルの両勢力が覇権をめぐって争った一戦でした[1]。

日本が、こうしてオランダの周辺に位置付けられて鎖国をはじめ、グローバルな経済・社会から隔絶されているあいだに、フランスと英国が各地でグローバルな覇権を争いはじめ、オランダの力は次第に隅に追いやられてゆきます。

一九世紀半ばになると、電信・蒸気船といったグローバルな空間統合手段が開発され、世界の植民地支配にますます拍車がかかりました。

アジアで、フランスは、ベトナムを侵略して保護領とし、植民地支配を深めます。インドに植民地の足場を築いた英国は、ビルマ、マレー半島、そして中国へと侵略戦争を続け、植民地獲得の手を伸ばしてゆきます。

第二期のグローバリズムは、一九世紀半ば、日本にも再び、こんどはより本格的に及んできました。幕末にむかい、江戸幕府は次第に、新しいグローバルな覇権国家の一つとなったフランスとの結合に傾斜してゆきます。幕府は、一八六五年に横須賀にフランスの技術で製鉄所を建設し、一八六七年に開催されたパリ万国博に出品、西洋式の軍備をフランスの軍事技術によって整えてゆきました。会津若松の白虎隊は、フランス風の軍服を着て明治新政府の軍隊と対峙したのです。

江戸幕府は、横須賀に製鉄所を建設し、フランスから武器等も大量に購入したため、多額の負債をフランスに対し負ってしまいました[2]。このまま幕府のフランスに対する債務が累積していけば、債務不履行を口実として日本は幕府統治のままフランスの保護領となり、ベトナムと同じような運命をたどった可能性があります。しかし、徳川慶喜が大政奉還したので、植民地化は免れました。

フランスと対抗した英国は、一九世紀のビクトリア女王の時代、「大英帝国」と呼ばれる最強の世界覇権国家に成長しました。英国を中枢として、その植民地は文字通りグローバルに広がり、一日二四時間、必ずどこかの英国領土に陽が当たっていたところから、それは「日の沈まぬ国」と呼ばれたほどです。

英国の植民地主義の背景には**白人の責務** White men's burden という「崇高な」理想がありました。白人の責務とは、『ジャングルブック』の著者として知られ、大英帝国を賛美してノーベル文学賞を得た詩人キプリングが、その詩の中で用いた言葉です。これは、有色人種のアジアやアフリカの人々の蒙昧さを解き、文明をもたらすのは白人、とりわけ英国人の責務だ、という考え方です。

英国の植民地主義は、間接統治を特徴としています。これは、植民地支配者である英国人が支配される先住民と直接関係を持つことを避け、両者の中間に緩衝役の「買弁」として非白人の移民ないし現地の伝統的支配層をおいて、支配者と被支配者との対立激化による植民地支配の崩壊を防ぐという、巧みな手法です。このため、伝統的な地主社会や身分制度などはほとんどそのまま温存され、そのうえに、移民してきた中国人（華僑）やインド人などが、植民地の社会構造に新たな支配の要素を加えました。英国の側に同化される先住民は、ごく少数の支配層に限られ、先住民への教育は、きわめてエリート主義的な色彩を帯びました。

ここで中心的な役割を果たしたのは、英国教会の聖公会でした。聖公会は、植民地の各地に、本国のパブリックスクールの伝統を模して植民地のエリート支配者を養成する中等学校を設置し、エリート層を英国流に教育しました。今でも、英国各地の国教会を訪れると、植民地支配を行った重要人物をたたえる碑や、植民地獲得につながる戦争で用いられた旗などが誇らしげにならんでいます。それは、日本の靖国神社を彷彿とさせます。

一九世紀半ばには、アダム・スミスの「見えざる手」の思想に影響された、自由貿易商人が台頭してきました。前章で述べた、グローバリズムの第一の類型が、このころから現れはじめたのです。自由貿易商人たちは、かつての東インド会社のような勅許（政府公認）業者と異なり、その独自の判断でその経営の空間的フロンティアを広げてゆきます。そしてそれが相手国の抵抗にあったとき、英国の国家が登場して侵略戦争を始め、相手国を打ち負かして英国の植民地を拡大します。これを、「自由貿易帝国主義[3]」といいます。

阿片戦争で中国を侵略し、香港を植民地として奪った英国側の権益を実質的に代表した著名な自由貿易商人として、ジャーディンマセソンという商社があります。

中国から奪った香港に本社を設けたジャーディンマセソンは、日本にも強い関心を示しました。明治の初期、横浜、長崎、神戸などの一等地には、ジャーディンマセソン社や香港上海銀行（ＨＳＢＣ）など、当時香港に拠点を置いていたイギリス系の商社や銀行の支店がたち並んでいました。奨学金を出して、明治維新を担う薩摩（今の鹿児島県の東部）の志士を、英国に留学させたのも、ジャーディンマセソンです。

幕府がフランスと結びついたのに対し、薩摩と長州（今の山口県西部）の出身者を中心とする明治政府のバックには、英国が控えていました。英国から直接の武力攻撃を受けた薩摩と長州は、英国の強さを身にしみて感じており、これと同盟する以外に日本の進む道はない、と考えたのでしょう。その後起こった日清戦争には、揚子江（長江）流域に権益を拡大しようとする英国の意向が反映していました。こうした日本の英国に対する従属的関係は、その後、一九〇二年の日英同盟として、制度化されました。

このように、日本の歴史には、ポルトガル、オランダ、そしてその後のフランスと英国というように、つぎつぎとグローバルな舞台に登場した欧州の覇権勢力の対抗が、色濃く影を落としています。日本はすでに一六世紀から、グローバルな覇権勢力が次々に入れ替わる世界史的な変化の影響を、しっかり受けていました。グローバリズムの光で日本史をとらえなおしてみると、大変興味深い歴史の実像が浮かび上がってきます。

（1）服部英雄『歴史を読み解く――さまざまな史料と視角』青史出版、二〇〇三年、一七八―一九七ページ。
（2）西成田豊『経営と労働の明治維新』吉川弘文館、二〇〇四年、四四―五六ページ。幕府は、フランスの援助で建造した横須賀工廠を、三百万フランの抵当物件としてフランス企業に差し入れていました。
（3）毛利健三『自由貿易帝国主義』東京大学出版会、一九七八年、三一―三一ページ。

2 第二次大戦と、米国の覇権による第三期のグローバリズム

「大東亜共栄圏」——帝国主義戦争でアジアの覇権を目指した日本

一九二〇年代、大英帝国として世界の中枢となった英国では、人々が植民地政府の発行する債券を買い、植民地経営に寄生して金利生活を送る傾向が強まって、工業生産にあまり投資しなくなりました。その結果、英国では慢性的な失業が発生しました。

これに対し、米国は急速に経済力を強めましたが、当時はまだ世界を単独で抑えるほどの力はなく、第二次大戦まで、英米が並立して、グローバリズムの覇権を争う状況でした。

また、アジアの有色人種国でありながら、フランスなど欧米列強の植民地支配をまぬかれた日本は、東からロシア帝国の勢力拡張を牽制したい英米の庇護を受けながら、軍備を増強し、次第にアジアの中枢を目指し、覇権帝国として頭をもたげてきました。

こうした諸国がぶつかり合い、世界の状況を根本的に変え、第三期のグローバリズムを導いたのが、第二次大戦です。

この時までに、未「発見」のフロンティアは地球上から完全に無くなっており、植民地獲得には、他の列強と争う必要がありました。日本は、ドイツ・イタリアなどと組んで**枢軸国** the Axis Powers を結成し、「鬼畜米英」を叫んで、米・英・オランダ・フランスなどから成る**連合国** the Allied Powers と戦火を交えました。日本は、アジア太平洋にあった、これら連合国の支配の下にある植民地を、

「大東亜共栄圏」の名のもとで日本の覇権領域にとりこもうとしました。アジアにおいてこれは、かつてアジアに侵略しアジア各地を植民地支配していた英・米・オランダ・フランスと、日本との、帝国主義的な植民地再分割戦争でした。ソ連は、米・英などの側につきました。また、日本により以前から侵略を受けていた中国も、これをはね返そうとして連合国の側に加わりました。

日本が、英・米・オランダ・フランスなどに植民地支配されていた東南アジアに侵攻し、緒戦で、不敗と思われた大英帝国などの軍隊をつぎつぎ降伏させると、長い間欧州列強の植民地支配に苦しんでいた東南アジアの人々のなかには、日本の力を借りれば、長年苦しんだ植民地支配のくびきから解放されるのではないかという期待感を抱く指導者も現れました。

現在ビルマで軍事政権に抑圧され、軟禁されているノーベル平和賞受賞の民主運動家、アウンサンスーチー女史の父は、第二次大戦中「ビルマ独立義勇軍」を率いて英国からの独立を目指したアウンサン将軍です。英国は、一九世紀半ばにビルマを侵略し、一八八六年に、長い伝統を誇ったマンダレーの王室を滅亡させて、ビルマ全土を英国のインド植民地に取り込んでしまっていたのです。これは、ビルマ人にとって耐え難い屈辱でした。日本軍は、一九四二年、この義勇軍とともに英国を追放し、アウンサン将軍が率いる日本の傀儡政権に「独立」を与えます。

インドの独立というとガンジーが著名ですが、ベンガル出身のもう一人の独立運動家、チャンドラ・ボースのことも忘れるべきではありません。ボースは、日本の力を借りて英国を追放し、インドの独立を実現しようとしたのです。しかし、その志を果たせないうち日本は敗戦しました。その直後ボースは、台湾の空港で謎の失踪を遂げ、今は、東京都杉並区の墓地に静かに眠っています。

東南アジアにおいて日本軍は、欧米列強の植民地を日本の占領下におきました。そのとき、東南アジアに根付いた中国からの移民で、現地では欧米の植民地支配者と密接な関係にあった華僑を、特に残虐に扱いました。インド人には、チャンドラ・ボースに協力して、インドを英国から解放する運動に合流するよう日本は指導しました。また、そこに長く土着していたマレー人やインドネシア人などは、比較的優遇しました。このため、かつて英国のマレー植民地の中心都市として華僑の比率が高いシンガポールでは、特に、第二次大戦中に日本軍がおかした行為が、厳しく批判され続けています。

国連——米外交の中立的外観をもった片腕

一九四一年一二月、日本は、一九世紀末に砂糖生産を営んだ米国人が、現地の独立した王家をつぶして属領としたハワイの真珠湾を攻撃しました。しかし、その宗主国である米国は、軍事力や経済力からみて、かなう相手ではありません。対米戦争は、はじめから日本に勝ち目のない、無謀な戦争でした。米国との間の戦線では、米軍の強力な反撃の前に、日本は次第に敗色を濃くしていきます。

米国は、一九四二年ごろからすでに、第二次大戦での枢軸国の敗戦を見通し、英国に代わる最強の覇権国家として、グローバルな経済・政治の中心となる国際政治戦略を、着々と進めていきました。

国際政治でその最大の戦略は、見たところ中立的な装いをもった米国の「外交の片腕」として、**国際連合** United Nations を組織したことです。

United Nations とは、もともと、枢軸国に対抗していた「連合国」の英語名称の一つです。一九四二年から、米国務省（日本の外務省に相当します）に設けられた「戦後外交政策諮問委員会」で、米・英・ソ連・中華民国（蔣介石の国民党政権）という四つの連合国の大国がリーダーとなって国際組織を構築する必要が話し合われ、一九四三年五月には、その下に設けられた小委員会で国連憲章の草稿がまとめられました。

そこでは、四大国から成る「執行委員会」、欧州・中南米・極東・中東・大英帝国など七つの地域代表を含む一一人委員会、そして全メンバー国が参加する「国際コンファレンス」という、三つのレベルから成る組織が提案されていました。

一九四四年八月、米国の首都ワシントン郊外にあるダンバートンオークスという閑静な邸宅で、国連結成をめぐる米・英・ソ・中の四ヶ国会談が開催され、この四ヶ国が常任理事国となり、拒否権をもつことが合意されました。

この四大国が執行部にすわって、それ以外の諸国が、第二次大戦の結果、引き直される国境線の再変更を目指し戦争に打って出るのを抑止しようというのが、国連の主旨の一つです。換言すれば、国連の大きな目的の一つは、戦勝国の覇権のもとで、領土という最大の戦勝権益をグローバルに固定化することでした。次節でくわしく述べるように、第二次大戦の戦勝国が取引して敗戦国の覇権領域を山分けした結果引かれた国境が構成する国家領域の集合を、その正統性の有無にかかわらず「平和」という理念のもとに神聖化し、これを永遠に維持しようとしたのです。

このことは、民族分布に応じて国境線を引きなおすことを不可能にし、その後六〇年にわたり、コソボ、クルド人、チェチェンをはじめ、世界各地に引き起こされた数多くの民族紛争の根本的な解決を妨げる原因となっています。

英国ならびに第二次大戦に勝利した「連合国」の主要メンバーが組織した国連の本部は、その組織に中心的な役割を果たした米国の主要都市であるニューヨークにおかれました[1]。

現行の国連の組織において、国連憲章の草稿がいう「執行委員会」は、**安全保障理事会**（安保理）the Security Councilとなり、フランスを加え五ヶ国が拒否権を行使できることとされています。「一一人委員会」は、安保理非常任理事国として、安保理に統合されています。これに対し、「国際コンファレンス」が名称を変えた国連総会は、国会のような強制力ある法律を作る立法機関ではなく、「加盟国若しくは安全保障理事会又はこの両者に対して勧告」を行う機関にすぎません（国連憲章一一条）。勧告ですから、国連総会に、独立した主権国家の国会のような強制力はありません。意思決定を行い、軍事力を背景に他国にそれを強制できるのは、安保理だけです。しかも、安保理が任務遂行中、「総会は、安全保障理事会が要請しない限り、この紛争又は事態について、いかなる勧告もしてはならない」（国連憲章一二条）とまで定められています。国連総会よりも安全保障理事会が、より上位の機関であることがわかります。

国連を運営する「会費」に相当する分担金額は、加盟各国の国民総所得（GNI）に応じて、二二％から〇・〇一％の範囲で決められます。なかでも日本とドイツは、国連の運営を経済的に支える分担金を両国合わせて二八・一％（二〇〇四年）、金額にして四億米ドル以上払っていますが、影響力をもちうる安定的な発言の場を国連安全保障理事会に持っていません。これに対し、安全保障理事会を構成する五ヶ国を全部合わせた分担金の分担率は三七・三％で、うち米国が、最高分担比率である二二％を占めます。米国以外の安保理常任理事国四ヶ国の分担率を全部合わせても、日本一国の分担率より低いのです。その理由は、一人当たりのＧＮＩが世界平均を下回るか、対外債務が多い国は分担金を割り引かれるところにあります。常任理事国の中国は、三六五〇万ドル（二・一%）、ロシアは一九六〇万ドル（一・一%）しか払っていません。その割引分の一部が日本に回され、日本の分担金支払額は三億四六四〇万ドル（一九・五%）もの額に達しています。経済的な負担だけは高額で、十分な発言の場を得られないのは好ましくないとの考えから、日本は国連分担金の減額要求をはじめました(2)。

国連は第二次大戦で戦勝国が作った組織ですから、国連では、日本、ドイツ、そしてブルガリア、ハンガリー、ルーマニア、フィンランドの六ヶ国が今なお「敵国」と位置づけられています。「敵国」は、国連憲章五三条で、安全保障理事会の許可なしに「強制行動」（軍事攻撃）を加えてよい国とされています。これを、**敵国条項** enemy clause と呼びます。イラクやアフガニスタンを米国が攻撃する前、国連安保理で激しい議論がなされましたが、これが日本やドイツなど六ヶ国への攻撃ならば、一切安保理の議論は必要なく、即座にそれらの国に向けた武力行使ができるのです。

このことからすれば、安全保障理事会が改革され、国連憲章の敵国条項の廃止がない限り、国連が第二次大戦の「戦勝国クラブ」であるという性格は、基本的に変わりません。国連はたしかに、貧困問題や途上国開発に関わる社会活動なども行っていますが、現在の国連に、「平和の使者」や「世界政府」のような過度な期待を、われわれが寄せるべきではありません。

覇権の手段としての核兵器と、それを支える「核拡散防止条約」

米国が覇権を維持するもう一つの手段は、物理的な軍備上の優位であり、なかでも最悪の大量破壊兵器である核兵器の保有でした。

極秘に原子爆弾の開発を進めた米国は、一九四五年七月、ニューメキシコ州アラモゴルドの砂漠で核実験を成功させました。こうして開発された原爆は、八月六日と九日の二度にわたり、日本に対して実戦で投下されました。広島への核空爆によって約一四万人が殺され、その三日後の長崎への核空爆で、さらに七万人が殺されました。その後、原爆症などで亡くなられた方も含め、米国の核空爆によって日本の都市で発生した犠牲者は、約三〇万人に及びます。

この核空爆により、米国は、軍事力の絶対的優位をグローバルに誇示することができ、戦後の世界単独覇権への重要な足がかりを確保しました。

しかしその後、ソ連も原水爆の開発に成功し、核兵器はもはや米国が独占できる軍事技術ではなくなりました。このとき、アイルランドとスウェーデンの提案により、「核廃絶」という人々の平和への希求をこめて、**核拡散防止条約** the Treaty on the Nonproliferation of Nuclear Weapons, NPT が国連で話し合われます。アパルトヘイトを続け、工業技術力があり、かつ核兵器の原料となるウランを産出する南アフリカ共和国の白人政権が核兵器開発に手を染めることを危惧した黒人アフリカ諸国も、この条約を後押ししました。ところが、一九七〇年に発効したこの条約は、安保理常任理事国五ヶ国のみに核兵器保有の特権を与え、これ以外の加盟国は核兵器の製造と保有を禁止するという、国連安保理常任理事国である戦勝国の覇権を軍事力で裏付ける制度に換骨奪胎されてしまったのです。この条約に基づき、現在米国は、一万五〇〇〇発もの核兵器を「合法的」に保有しています[3]。これは、イラクが保有するとブッシュ大統領が主張したいかなる種類の兵器をも上回る、大量の破壊力です。

広島の原爆慰霊碑には、「過ちは繰り返しませんから」と彫り込まれています。ここで「過ち」を犯したのは、なによりまず、原子力を人類史上初めて大量破壊兵器として開発し、敗戦がすでに明白であった日本を二度もその兵器で攻撃して戦後のグローバルな覇権の確立を図った米国でした。私たちが広島や長崎のことを考え、語る場合、この米国の戦争犯罪とその責任を明確に認識することが必要です。

中国とロシアが保有する核兵器も無視することができません。両国は、私たちの住む東アジアで、核のない平和な地域への脅威をもたらしています。中国は、二〇〇一年現在、英国とフランスの保有量合計を超える四一〇発の核弾頭を保有しており、人民解放軍の国防大学防務学院院長である朱成虎少将は「米国が中国領土の標的［中国の軍艦と航空機を含む］にミサイルや精密誘導弾を発射すれば［中国は］核兵器で対抗しなければならない」とのべています[4]。状況が緊迫した場合、多数の米軍基地を抱える日本が、中国の先制的な核攻撃にさらされないとは言い切れません。

日本は、一九九四年以来毎年続けて、国連総会に「核廃絶決議」を提案しています。これは国連総会の圧倒的多数の賛成を得ていますが、肝心の核廃絶は実現したためしがありません。国連総会がいかに形骸化しているか、象徴する出来事といってよいでしょう。なお二〇〇四年の国連総会で、米国は、この決議に反対しています。また、中国は棄権しました[5]。

核兵器はその破壊力において他の通常兵器を圧倒しているので、世界のすべての非核保有国は、高所得国であろうが途上国であろうが、安全保障において、結局、ＮＰＴが核保有を公認した安保理常任理事国のいずれかの「核の傘」の下に自らを置かざるを得ません。こうして戦勝五ヶ国は、ＮＰＴを通じ、国際政治と軍事の中枢として、他の国が決して追随できない軍事力の優位を確保し、それ以外の諸国を周辺として従属させるグローバルな軍事・政治システムを構築することに成功しました。

日本では、人類初の核兵器を開発して実戦で使用し、大量の民間人を虐殺した国の戦争責任は、抽象的な広島・長崎の「平和の祈り」へと巧みにすりかえられてしまっています。いま世界に平和をもたらすため必要なのは、抽象的な折鶴や祈りではなく、現実の世界で、「核拡散防止」という欺瞞的条約のもとで核兵器を独占し、その恫喝により覇権を及ぼしている諸勢力と具体的に闘い、核兵器を地球上から皆無にするための、ねばりづよい市民の平和運動です。

ブレトンウッズ体制

米国が経済の面でグローバルな覇権を確実にする制度は、国連とは別の組織として構築されました。一九四四年七月、米東部、ニューハンプシャー州の保養地ブレトンウッズで、四四ヶ国の参加により、戦後のグローバル経済制度の基本を決める「ブレトンウッズ体制」が合意され、**国際通貨基金** the International Monetary Fund, IMF、**世界銀行** the International Bank for Reconstruction and Development, IBRD、そして関税及び貿易に関する一般協定（ＧＡＴＴ）が創設ないし取り決められました。

このような経済制度の必要を唱えたのは、マクロ経済学の理論体系を構築した英国の経済学者、ケインズです。英国代表として出席したケインズが提案したのは、戦後の世界各国が一つの共同体として手を取り合って発展してゆく、互恵的なシステムでした。

ケインズの案によると、金属の金にかわって、国際的な中央銀行をつくり、それが管理する国際準備通貨を創設します。国際収支が赤字の国には、国内のマクロ経済を萎縮させないよう、この中央銀行が資金を供与します。逆に、貿易黒字が積みあがった国には、輸入増加を促します。このようにして各国に、常に国際収支の均衡という状況をつくりだし、その上で国際間の資本移動を厳しく規制します。

ケインズが提唱した国際中央銀行による公的な資本の国際分配が効果的にすすんでいれば、各国のマクロ経済はどこも平等な条件で発展できたはずでした。また、国際資本移動が厳しく規制されれば、各国のマクロ経済の内部で蓄積された資本が、その国の経済・生活水準の発展にそのまま有効に活用でき、直接の生産に関係しないグローバルな金融ギャンブルを抑えることができたはずでした。

しかし米国は、ブレトンウッズの会議で、ケインズの提案を隅に追いやり、これを、米国がグローバル経済の中枢として覇権を確保するのに都合のよいシステムへと換骨奪胎します。

米国の提案によって出来上がった体制は、国際準備通貨の役割を、一国の通貨にすぎない米ドルに与えました。米国は、自国通貨が世界唯一の**基軸通貨** key currency になるという、グローバル経済の中枢としてまたとない地位を手に入れたのです。金属の金との間の交換比率が米ドルだけに定められ、米ドルには金と同じ価値が認められました。世界各国の通貨は、一律に固定の為替レートで米ドルに釘付けされ、かつて世界を支配した英ポンドの地位は、英国一国の地方通貨へと落ちぶれました。敗戦後日本経済がひとまず落ち着いたあと、日本円は、三六〇円＝一米ドルと決められます。

米国の通貨であるドルは、国際準備通貨の機能もあわせ持つのですから、米国以外の国は、外貨準備の大部分を基軸通貨である米ドルで蓄えます。二〇〇四年になっても、世界中にある外貨準備の六五％は米ドルです。個人の外貨預金も、八割が米ドルとなっています[6]。米ドルはまた、取引手段として世界中で使われるので、米ドルが世界的に需要されます。現在、米ドル発行量の実に三分の二が、グローバルな取引のため、米国の外で流通しています[7]。

もちろん米国は、世界中に米ドルを無償で配ってくれるわけではありません。米国に物を売らなくては米ドルが入手できません。つまり、米国は、「＄一〇〇」などと書いた紙切れを印刷する輪転機をまわしさえすれば無償で世界中から物が買えることになったのです。これでは、落ち葉をお金に変えられる狸か錬金術師と同じです。これが、**シニョリッジ** seigniorage と呼ばれる、基軸通貨国の特権です。

また、外貨準備を米ドルで蓄えるばあい、米ドル札の現金をその国の金庫に積み上げておくわけではなく、各国の政府は米国債を購入して運用します。これは具体的に、ニューヨークの連邦準備銀行に預託された米財務省の短期証券（米国債）の姿をとっています。つまり、米ドルが基軸通貨であるため、米国は、各国が国際取引や自国の通貨の価値保証のために保有する米ドルを世界中から吸い上げ、自国の意思決定で財政支出することができるのです。二〇〇四年五月一七日発表の米財務省の国際資本統計[8]によれば、世界中の国々がニューヨーク連銀に預けている米国債残高は一・七兆ドル（約一九四兆円）に達します。

戦後のグローバルな経済制度は、このように、他国の資金をも足場にし、米国を結節点として動くように設計されたのです。

もっとも、戦後初期には、ケインズの理想が機能した面もありました。それは、世界銀行がはたした役割にみられます。世界銀行は、加盟各国の物的・社会的インフラストラクチュア整備のために低利の融資を行い、各国ができるだけ平等な条件で経済発展できるように取り計らいました。日本も、敗戦後は外貨・資本蓄積ともに不足していました。東海道新幹線も黒四ダムも、この世界銀行の融資があってはじめて建設できたのです。途上国でも、世界銀行の融資により、発電施設や交通手段が次々建設されてゆきました。

このように、米国は、第二次世界大戦を契機として、国際機関、戦略核兵器による世界軍事戦略、そして世界経済という、三つの強力な制度において、世界の政治経済の中枢の地位を手に入れました。独立国という各国の政治装置はそのままに、この三つの制度を通じて各国をコントロールし、世界を覇権下においてゆくという、第三期のグローバリズムの特徴が、こうして完成しました。

（1）Neil Smith, *American Empire: Roosevelt's Geographer and the Prelude to Globalization*, Univ. of California Press, 2003, pp. 374-415.
（2）『日本経済新聞』二〇〇五年一〇月二四日。
（3）『日本経済新聞』二〇〇四年六月五日。
（4）*Financial Times*, July 15, 2005.
（5）『日本経済新聞』二〇〇四年一二月七日夕刊。
（6）『日本経済新聞』二〇〇四年一二月七日。

（7）『日本経済新聞』二〇〇四年四月二七日夕刊。
（8）『日本経済新聞』二〇〇四年五月一四日夕刊。

3 第三期グローバリズムの出発点に立った敗戦国——日本とドイツ

第二次大戦の戦勝国となった帝国主義列強、とりわけ米国とソ連は、敗戦国の支配・覇権領域を山分けし、自国の覇権下に組み込んでゆきました。その結果、大戦のもっとも主要な敗戦国である日本とドイツはどうなったでしょうか。

日本が支配した領域の分割

まず、日本が戦前に覇権を及ぼした領域について検討します。

一九四五年八月、日本軍は連合国に無条件降伏し、「大東亜共栄圏」としてアジア地域を自国の帝国主義的覇権のもとに置こうとする野望は、ついえ去りました。そのあとの東アジア・東南アジアの領域では、米ソ双方が覇権のフロンティアを拡張しようとせめぎあいました。

はじめに、日本敗戦により崩壊した日本の傀儡国家である満州国についてみましょう。満州国の領域は、連合国間のヤルタ会談によって、中国の蔣介石軍ではなく、ソ連軍占領地域と合意されていました。

日本の関東軍が敗走したあとの満州を占領したソ連軍は、そこで中国共産党の八路軍（後に人民解放軍）を支援します。ソ連軍は、日本軍が残した武器を共産軍に引き渡し、共産軍に軍事訓練を施します。さらに、旧満州国軍の下級中国人兵士が大量に加わり、旧満州国を巨大な拠点として共産軍は強大にふくれあがりました。これに対し、蔣介石の中華民国は、連合国の主要メンバーだったこともあり、米国は軍事顧問を派遣する程度で、実戦部隊派遣のような有効な方法をとれません。こうして相対的に弱体となった蔣介石の国民党軍を、ソ連の満州占領で大幅に強化された共産軍が駆逐し、一九四九年の中華人民共和国建国を導くのです。

日本敗戦と共に植民地支配から解放された朝鮮半島については、これを南北に分割し、ソ連と米国がそれぞれ占領することが合意されていました(1)。日本敗戦後、このとりきめ通り、北緯三八度線より北にはソ連、南は米国が進駐し、南北が別々の覇権国の軍政下におかれます。米国は、三八度線南部だけで選挙を行い、それを朝鮮半島の正統的な政府とすることを、作ったばかりの国連に「決定」させます。覇権を目指す米国の片腕としての国連の面目は躍如です。一九四八年八月、三八度線の南部には、長く米国で生活していた李承晩《イスンマン》を大統領にすえて、米国の意を受けた「大韓民国」（韓国）が建国されました。占領した上で、米国の息のかかった人物を統治者として送り込み、傀儡政権を作って間接統治するやり方は、アフガニスタンでもとられたお馴染の手法です。

他方、朝鮮半島北部には、元ソ連軍の大尉であった金日成《キムイルソン》を中心に、一九四八年九月、「朝鮮民主主義人民共和国」（北朝鮮）が建国され、ソ連と同じ社会主義計画経済が国の経済の運営の原理とされました。

一九五〇年に勃発した朝鮮戦争は、いったん山分けされた戦勝国の権益のフロンティアを引き直そうとする試みでした。国連の安全保障理事会は、ソ連欠席のまま、朝鮮戦争の引き金となった攻撃を北朝鮮による侵略行為と断定します。米軍を実体とする国連軍が仁川《インチョン》に上陸、北上して平壌《ピョンヤン》に入城すると、米国の勢力が国境に迫ることを恐れた中国が、参戦を決定。その後、両軍の勢力は三八度線付近で膠着し、そこに休戦ラインが引かれて、朝鮮半島は恒久的に分裂してしまいました。結局、日本敗戦にあたってなされた戦勝国同士の戦勝権益の山分けの結果が、ほぼそのまま固定化されたのです。

日本が満州に傀儡国家をつくっていなければ、そこがソ連軍に占領されることもなく、共産軍は弱体のまま中国大陸全体を支配できずに、いぜん中華民国政府の統治が続いていたかもしれません。また、朝鮮半島を植民地にしていなかったら、戦勝権益を連合国の構成員が山分けした結果として朝鮮半島が米ソに分割占領されることはなく、それゆえ、その後の冷戦の激化によって、朝鮮民族が分断される悲劇が戦後六〇年にわたり続くこともなかったはずです。いまなお政治的に引き裂かれている朝鮮半島の現状については、朝鮮を植民地として支配した日本の責任、ならびに解放後の朝鮮半島を自らの覇権領域拡大の場としてとらえた米国ならびにソ連の責任という、双方の責任が問われなければなりません。

日本本土と琉球・小笠原諸島についてみますと、これらはひとまず全域が米国の占領区域と合意されました。ところが日本の敗戦直後、スターリンは米国のトルーマン大統領に、千島列島と南樺太に加えて、オホーツク海に面した日本本土の「北海道島の北半」をも占領区域とするよう要求します。

「北半」とは、釧路市と留萌市を結んだ斜めの線より北東側（両市域を含む）をいい、この線を引くと、旭川市街もソ連軍占領地域に含まれます。しかし、トルーマン大統領はこのスターリンの要求を拒絶したため、北海道の北東部がやがてソ連に編入される強いリスクは、間一髪でまぬかれました。

こうして米国は、一九五一年まで、日本本土を事実上単独で占領し、戦前の日本軍の施設を接収するなどして、各地に米軍基地を設けました。その後、小笠原は一九六八年まで、また琉球は一九七二年まで、引き続き米国に占領され続けます。

農地改革

日本を占領中、米国は日本に対し数多くの政策を行いました。日本は、これにより、米国の従属国としての地位を明確にしてゆきます。そのなかで重要な、農地改革について、まず検討しておきましょう。

農地改革は、戦前に小作人を厳しく搾り取った寄生地主制を廃止し、地主から低価格で強制買収した土地を小作人に売却して自作農を創設したものです。

自作農の存在は、社会を保守化させます。フランスでは、一九世紀から、自作農が革命にブレーキをかけ、社会を保守化させる作用をはたしていたのです。農地改革後、日本の農村部もまた、土地を奪われたくない所有者のイデオロギーを持った農民が詰まる保守の牙城となりました。地主制反対の農民運動が、中国のように社会主義をめざす運動へと転化し、ソ連の覇権下にはいるベクトルとなる動きは、日本では起こりませんでした。

自作農が持つ耕地面積は狭いので、相続のとき土地を分割すると家族が生活できなくなります。そこで、一般に長子相続が行われ、農村から次・三男の大量の労働力が、都市へと排出されました。

この二つの点で、農地改革は、戦後の日本を米国の覇権下につなぎとめ、かつ資本主義経済の発展に必要な潤沢な労働力を確保するために、大きく寄与しました。

日本国憲法の二面性と、日米安保体制

日本敗戦後に米国が行った改革の中でも最大のものは、なんといっても、**日本国憲法**の草案を作り、日本にそれを認めさせたこと、そして占領終了後に、日米安全保障条約を締結させたことです。戦後日本の位置を規定したこれらの制度を包括して、**日米安保体制**と呼びます。

まず、日本国憲法について考えます。この新憲法には、二面性がありました。第一の側面は、そのときまでに欧米で民衆からの要求によりかちとられてきた人権・平等・社会正義・平和主義の原理が盛り込まれ、市民のさまざまの民主的な権利が明文化されたことです。これは、第二次大戦という帝国主義戦争で、その一方の側である連合国が自らを「解放者」として正統性を主張したことと関連しています。

第二の側面は、アジア・太平洋にリージョナルな覇権を図った主体としての日本帝国主義の軍備を解体し、市民が本源的主権としてもつはずの自衛権を含む戦争までも放棄させ、米国の戦勝権益となった日本を、実際に米国の軍事覇権の下に確保したことです。憲法第九条は、かつての帝国主義国日本を徹底的に武装解除し、日本を米国の周辺に位置づけるためのものでした。

マンスフィールド元駐日米国大使は、「戦争放棄を定めた日本国憲法第九条は、マッカーサーの直接の指示を受けてＧＨＱ民政局のチャールズ・ケーディス次長を中心に作った条項でどこから見ても米国製だ。日本に戦争を放棄させ、安全保障を米国頼みにさせたのは米国である[2]」と言い切っています。一九四六年にＧＨＱがまとめた憲法草案の第八条は「Article VIII. War as a sovereign right of the nation is abolished. The threat or use of force is forever renounced as a means for settling disputes with any other nation. No army, navy, air force, or other way potential will ever be authorized and no rights of belligerency will ever be conferred upon the State.」となっていました。現行の日本国憲法第九条は、この英文のほぼ忠実な翻訳です。

さらに、米国の占領政策に対する日本人の抵抗を出来るだけ少なくするため、戦前の日本の帝国主義戦争を積極的に推進した昭和天皇を、戦犯として訴追するのではなく、政治的に利用することとし、天皇は「象徴」として、憲法の最初に位置づけられました。

日本に憲法第九条で戦争と軍備を放棄させた代わり、一九五一年に米国の日本占領が終わって日本が独立すると、米国は米軍を撤退させることなく、そのまま日本に日米安全保障条約を締結させて、日本の防衛を米国自身がになうことになりました。憲法第九条と**日米安全保障条約** The US-Japan Security Treaty は、このように表裏の関係にある一体のものです。自衛権という主権の一部を日本は米国に引き渡したのですから、日米安全保障条約は、米国が日本を防衛する義務はあるが、日本が米国を防衛する義務はない、という片務的なものになっています。双務的な安全保障条約、つまり互いが相手を防衛しあう**集団的自衛権** right of collective defense の行使は、現行の憲法では不可能というのが、日本政府の憲法解釈です。これによって、日本は米国の世界軍事戦略の中に深く従属してゆきました。

日米安保体制は、東アジアに米国が覇権を及ぼすにも有効でした。一九四九年、中国大陸全土に中華人民共和国という社会主義政権が成立、米国の庇護の下に台湾に逃れた蔣介石の国民党政府と、長い政治的対立を始めます。これに加え、ソ連、そしてソ連が占領した朝鮮半島北部にできた北朝鮮という諸国と対峙しつつ、米国が日本に設置した軍事基地は、戦後長い間、東西冷戦の空間として緊張が高まる東アジアの冷戦の最前線にあって、社会主義体制封じ込めのために使われてゆきました。

日本にいる米軍や軍人には、**日米地位協定** the Japan-U.S. Status of Forces Agreement によって、日本の法律に基本的に従わなくてもよいという治外法権に近い特権が与えられています。米軍人は日本の出入国にパスポートも日本のビザも要らず、米軍が事件・事故を起こしたとき日本の警察はかかわれません。米軍機は、日本の航空法による飛行禁止・高度制限などの適用を除外され、米軍車両は日本の公道を走る場合でも日本のナンバープレートをつけず、米軍基地は日本の環境規制から除外されて近隣の環境を汚染し放題です。米軍人が日本人に対し強盗・強姦・交通事故など刑事犯罪を行った場合でも、日本が逮捕し裁判にかけることには、大きな制約が伴います。

一九世紀に、半植民地的支配におかれていた中国の上海や広州の居留地で欧米人が享受していたような特権が、日本では、二一世紀の今日になっても、米軍人に与えられ続けているのです。

日米安保体制をささえた自民党は、自作農から成る農村の有権者の票が有利に評価される日本の選挙制度のもとで、安定的に支持されてゆきました。一九六〇年には、多様な革新勢力によって激しい安保条約反対の闘争がとりくまれましたが、その後、日米安保体制が日本の政治・社会制度の根幹として日常化するにつれ、日本の革新勢力のあいだでも、この体制を問題にする声は小さくなってゆきました。むしろ、憲法第九条がもつ第一の側面である抽象的な平和主義が拡張されて神聖化され、これが、前節で述べた、国連や、また広島と長崎などとともに、「平和への祈り」のシンボルとなって、現実の世界政治から切り離された抽象の世界へと蒸留されていったのです[(3)]。

そのなかで、ナパーム弾・核爆弾などの強い破壊力を持つ兵器で日本の都市を空爆し、総計五〇万人もの罪のない普通の市民を虐殺した国、すなわち米国の戦争責任が、日本人の側から明示的に問われることはありませんでした。

ドイツ敗戦の帰結

敗戦処理をめぐって日本と比較の対象とされることが多いドイツでは、首都ベルリンに入城したソ連の赤軍とナチ・ドイツ軍との戦闘が市内で行われ、一九四五年四月末、ユダヤ人を各地の収容所に集め大量虐殺してきたヒットラーは追い詰められて自殺しました。

一九四五年五月七日の無条件降伏後、ナチの「第三帝国」は崩壊し、ドイツにはまったく政権が無い状態となりました。「国体護持」という降伏条件に固執し、政治体制が戦前と戦後で連続した日本とは、ここが異なります。戦後のドイツの政府は、西独・東独のいずれも、ナチ・ドイツの政治体制とは断絶したものとなりました。このことは、戦後のドイツが、ヒットラーの「第三帝国」が戦中におかした行為を、日本よりも客観的にとらえることができるようにしています。

一九四五年二月、すでに明白になっていたドイツの降伏を前提に、敗戦後のドイツの領域をどう戦勝国で山分けするかが、ヤルタに集まった帝国主義列強の間で話し合われていました。日本と異なり、すでに第一次大戦で敗北し植民地をすべて失ってしまっていたドイツでは、その固有の領土が戦勝権益として分割処理される対象になったのです。

スターリンは、ドイツ領内を南北に流れていたオーデル川とナイセ川に沿ってほぼ南北に線を引き、その東部に広がる、東プロイセン、シュレジエン（シレジア）、ポンメルンなど広大な地域を、ポーランドまたはソ連の統治下におくことを要求します。英米もこれを結局認め、ポーランドならびにソ連の統治区域となった地域に先祖代々住み続けてきたドイツ人は、ほぼ全員、オーデル川とナイセ川を結ぶ線から西に強制退去させられました。ポーランドにドイツ東部領土を与えたのは、第一次大戦後に独立したポーランド領東部の大きな部分をソ連が自国に取り込む代償でした。

ポーランドが西向きに「平行移動」したあと、ドイツ領土の残された部分は、さらに四つの連合国に分割占領され、結局、米英仏の占領地域が独立した「ドイツ連邦共和国」（西独、BRD）と、ソ連占領地域が独立した「ドイツ民主共和国」（東独、DDR）に分裂します。社会主義のドイツ民主共和国からドイツ西部への人口流出を防ぐため、一九六一年にベルリン市を東西に分断するベルリンの壁がドイツ民主共和国政府によって構築され、これが冷戦をあらわす可視的な象徴となりました。

東西ドイツにとどまらず、ナチ・ドイツが占領支配していた欧州東部のかなりの地域を、ソ連の赤軍は敗北に追い込みました。ユーゴスラビアで自主的にナチ・ドイツに対し立ち上がったチトーらのパルチザンも、最終的にはソ連赤軍の援軍で戦勝しました。そのあとの地域は、ほぼそのままソ連の覇権下におかれ、バルト海に面するシュテティンからアドリア海に面するトリエステまでを結ぶ**鉄のカーテン** the Iron Curtain の東側は、それ以来一九九〇年代の初めまで四〇年以上にわたり、社会主義の経済と社会が支配することとなります。

米国を中枢とする資本主義にもとづく市場経済のシステムと、ソ連を中枢とする計画経済のシステムという、二つの異なった経済体制、ならびに覇権勢力同士がグローバルな空間にフロンティアを拡張しようとしてせめぎあうバウンダリーによって、欧州は、ど真ん中で南北に引き裂かれてしまったのです。

（1）ソ同盟外務省編『第二次大戦中の米英ソ秘密外交書簡』米ソ篇、川内唯彦・松本滋訳、大月書店、一九五七年、「三六二　トルーマン大統領からスターリン大元帥へ――極秘」一九四五年八月一五日付、「三六三　スターリン首相からトルーマン大統領へ――親展秘密」一九四五年八月一六日付。二四二―二四七ページ。

（2）マンスフィールド「私の履歴書」『日本経済新聞』一九九九年九月八日。

（3）戦後の日本の平和勢力や革新政党が親近感をいだいたソ連は、大戦中に連合国側にくみし、戦後は本文に記したとおり大幅な領土拡張を行った事実があるにもかかわらず、連合国を「反ファシズム統一戦線」と規定して、ソ連自らが帝国主義戦争の主体となった事実をあいまいにしました。日本の戦後史や現代的課題を的確に理解するためにも、このスターリン時代のソ連による第二次大戦の規定を批判的にとらえなすことが不可欠です。

4 社会主義の伸長に、多国籍企業で立ち向かう――フォーディズムと封じ込め

社会主義の伸長

このように、グローバルな覇権を目指したのは、米国だけではありませんでした。連合国の一員に加わったソ連もまた、グローバルな覇権を求めました。

一九一七年に成立した社会主義ソ連の経済システムは、市場経済のシステムに立つ米国と異なり、一国社会主義にもとづく計画経済でした。これは、国家が生産計画を決め、個々の工場に原料を配分し、工場ではそれを使って決められた量の生産を行い、製品は国家が消費者に分配する、という集権的な経済システムです。技術革新や設備の更新も、国家が計画を決めて行います。努力して計画以上の生産を達成した場合、国や共産党から表彰がなされます。

米国は、西欧の多くの国に対し、一九四七年から「マーシャルプラン」（欧州復興計画）と呼ばれる援助を行いました。軍事的には、**北大西洋条約機構** the North Atlantic Treaty Organisation が一九四七年に米国主導で結成され、カナダと主な西欧の国々が、米国の覇権下にまとめられました。これに対抗してソ連は、一九四九年に、経済相互援助会議（略称「コメコン」）を設立し、一九五五年には、ソ連の覇権下に置かれた欧州東部を、ワルシャワ条約機構という集団的安全保障体制で軍事的にまとめました。

ソ連は原水爆を自ら開発し、大陸間弾道弾（ＩＣＢＭ）実験を成功させるなどして、米国に対抗し

うる軍事力を築いていきました。一九五七年には人類初の人工衛星スプートニクを打ち上げ、そのわずか四年後、ガガーリンによる人間の宇宙飛行を成功させて、米国を出し抜き一躍宇宙開発の最前線に立ちました。ロケットなどの宇宙技術は、容易にミサイルなどの先端軍事技術に応用できますから、宇宙開発における立ち遅れは、米国に深刻な危機感をもたらしました。

社会主義をめざした途上国

東西にはベーリング海峡からドイツ東部、南北に北極からベトナム北部まで、ユーラシア大陸に広がった社会主義体制は、そのフロンティアを途上国にも次第に広げてゆきました。

第二次大戦直後から一九六〇年代までに、アジア・アフリカの旧植民地諸国は、欧州の旧宗主国から相次いで独立を果たしました。しかし、これらの諸国は、政治的に宗主国から独立をかちとっても、経済構造はいぜんとして植民地時代のままでした。旧植民地は、旧宗主国から高い価格の工業生産物を購入し、植民地で生産した第一次産業の生産物は、安い価格で旧宗主国に売りさばかれました。形式的に独立は果たしたものの、実質的には、元の宗主国が元の植民地を収奪する状態が依然として続いたのです。アジア・アフリカ諸国よりもずっと早く独立していた中南米も、プランテーション農業などを通じ、経済は主として米国に従属していました。

こうした**新植民地主義** neo-colonialism を打破し、政治的にだけでなく経済的にも自立を果たすことが必要だという意見が、途上国で強まりました。ここで、すでに第一章で学んだ従属理論が、その処方箋を提供しました。多くの新興独立国では、貧困の問題を解決するために、外国との関係から自国を断ち切って、独自の経済発展をめざす方法で、旧宗主国の影響から脱却しようと模索しました。

このとき、社会主義国は、自立しようとしたこれら途上国を積極的に支援し、自国の覇権の下に引き入れようとしました。

この点で特に熱心だったのは、ソ連よりも、一九六〇年にソ連と対立をはじめ、独自の社会主義建設を追求しはじめた中国でした。中国は、革命を農村から起こすという毛沢東独自の革命戦略に立って、途上諸国を「世界の農村」と位置づけ、これらを積極的に支援して、米国とソ連という二つの覇権国家を包囲する戦略をとりはじめました。

アフリカのタンザニアでは、人民公社政策が採用され、アフリカ諸国がアパルトヘイト政策をとる白人支配の南アフリカ共和国に依存しなくてもよいように、内陸のザンジバルから熱帯の密林を貫いてインド洋のダルエスサラームに至るタザラ鉄道建設を、中国が担いました。

北朝鮮の主体思想も、アフリカの途上国に影響を及ぼしました。植民地時代に「北ローデシア」と呼ばれたジンバブエの首都ハラレ（元ソルズベリー）には、巨大な金日成の銅像が建てられました。

一九五九年には、ユーラシア大陸からとび離れた、米国の目と鼻の先のキューバで、カストロが指導する社会主義革命が成功しました。

東南アジアの山岳地帯には、毛沢東主義の中国に呼応した共産ゲリラが拠点を構えました。タイの急進的学生は、ペンをおいて北部の山中に赴き、革命の軍事訓練を受けたのです。

こうして社会主義は、じわじわとその覇権のフロンティアを広げてゆきました。米国内には、グローバルな覇権を確保する戦略に立ち遅れるという強い焦燥感が高まってゆきます。

封じ込め戦略とその破綻：ベトナム戦争

米国は、こうした動きに対抗して、社会主義を拡張させないための世界戦略を打ち出しました。これが、**封じ込め政策** containment policy です。

米国は、ＣＩＡによる陰謀などを駆使し、社会主義を志向する途上国の政権を転覆したり、親米傀儡政権を打ち立てたりしました。これに成功すると、米国はその国の権力者に「援助」をつぎこみ、飼い犬のように繋ぎ止めました。ドル浸しの政権はやがて腐敗をはじめ、米国はますます親米傀儡政権の維持のため資金と軍事力を注ぎこまなければなりませんでした。

こうした状況の中で起こったのが、**ベトナム戦争** Vietnam War だったのです。

日本の明治維新と前後してフランスはベトナムに侵略し、植民地化をすすめました。フランスから来た宣教師は、フランス語風のアクサン記号を多用するローマ字でベトナム語を表記する方法を編み出し、それまでベトナム語の表記に用いられていた漢字を押しのけてベトナムの標準的国語表記にしてしまいました。ハノイの仏塔は壊され、その跡に巨大なカトリック教会が建ちました。

支配に反発したベトナム人が独立運動を始めると、フランス人は運動家を逮捕して山岳地帯の強制収容所に放り込み、冬の寒い日に暖房の一酸化炭素で殺したり、あるいはギロチンで公開処刑したりと、容赦ない弾圧を加えました。

第二次大戦のあいだベトナムは日本軍に占領されました。日本の敗戦後、ベトナムには再びフランスが植民地支配者として戻ってきましたが、大戦中いったんフランスの支配から自由になったベトナム人たちは、もはや古い宗主国のいいなりにはなりませんでした。ベトナム軍は一九五四年、奠辺府《ディエンビエンフー》で、ついにフランス軍を破り、歴史的な勝利を収めます。

しかし、独立したベトナムは南北に分かたれ、別々の国家建設が進みます。米国は、南部に傀儡政権を作りましたが、政権は腐敗してゆきました。やがて米国は次第にベトナムに軍事的に深入りし、最大五〇万人の米兵を送り込んで、南ベトナムの民族解放戦線を抑えつけ、ナパーム弾やボール爆弾などの残虐兵器を用いて北ベトナムへの空爆を繰り返すようになりました。

その努力もむなしく、ソ連と中国が支援する北ベトナムの猛攻の前に、南ベトナムの政権は一九七五年に崩壊、北の社会主義政権が南ベトナムを吸収する形で統一を果たします。軍事力と陰謀による、「封じ込め政策」という米国のグローバルな覇権戦略が、ここに破綻したのです。

それは、米国が歴史上はじめて経験した敗戦であり、また冷戦体制の中で、米国を中心とする資本主義の領域が、ソ連と中国を中心とする社会主義に侵食されつつあることを、はっきり示すものでした。

米兵の戦死者数は、ベトナム戦争全期間を通じ四万七千人あまりにおよび、米国各地で大きな反戦のうねりが起こりました。一九六九年八月にニューヨーク郊外で開催された、反戦がテーマのロックコンサート「ウッドストック・フェスティバル」は、当時の若い世代の心を熱くひきつけました。

ベトナム戦争の戦費がかさんだため、米国の財政は赤字となって、ドルの価値も下がり、米ドルは、もはやブレトンウッズ体制が定める、金に価値が固定された基軸通貨としてふるまうことができなくなりました。一九七一年八月、米国はついに、米ドルと金との交換を停止します。そして、世界中の主な通貨は変動相場制に移行しはじめました。

フォーディズム

軍事力で社会主義の覇権を封じ込めることに失敗した後、米国は新たな覇権戦略に向かいます。これが、多国籍企業の海外進出を主要なテコとした「周辺フォーディズム」と呼ばれる体制です。

みなさんは、イソップ物語の「北風と太陽」という話を知っていますね。旅人のコートを脱がすためには、冷たい北風を当てて吹き飛ばそうとするよりも、太陽でぽかぽか温めて旅人をとりこむ穏やかな戦略が賢明です。

労働者に高賃金を支払えば、所得が向上し、企業の製品はよく売れるようになり、企業は順調に成長できます。そして、クルマや家電など企業が作った製品に囲まれた市民は、豊かな社会を楽しんで意識が保守化し、共産主義に関心を持たなくなります。これが、**フォーディズム** Fordism と呼ばれる体制[1]です。

豊かな社会のためには、公共サービスの供給も必要です。いくらクルマを買っても、道路が狭くデコボコではドライブを楽しめず、市民の不満は消えません。そこで、「大きな政府」が**公共事業** public works を行って、道路や鉄道などを整備します。これが生活水準向上に寄与するのはもちろん、その建設工事自体が新たな需要をつくりだし、経済は不況に陥りにくくなります。これは、イギリスの経済学者ケインズが提唱した考え方です。ドイツのヒットラーも、この考え方を模倣し、フォルクスワーゲン（国民車）を走らせるためのアウトバーンを建設しました。

日本の都市部で、こうした市民向けの豊富な公共サービスを要求したのは、皮肉なことに、当時の社会党や共産党が運動して日本の各地でできあがった、**革新自治体** municipal socialism でした。革新政党は、当時、産業基盤整備中心だった自治体の財政政策を、市民むけ公共サービス提供に代えさせる運動をつうじて、自治体議会の多数派をにぎり、それを国政の革新へとつなげようとしたのです。しかし、いったん豊富な公共サービスに取り囲まれ満足すると、市民の意識は保守化し、人々はかえって革新政党から離れていってしまいました。一九七〇年代末から、日本の各地で革新自治体の力は衰退してゆきます。

このフォーディズムの「太陽」を手段に、ソ連と中国の影響力を背景にもった社会主義運動を封じ込める戦略が、見事に成功をおさめます。

輸出志向工業化と周辺フォーディズムへの転換

この「太陽」を途上国にもあてるという周辺フォーディズム戦略が、米国のベトナム敗戦後に台頭しました。これを周辺フォーディズムと呼ぶのは、多国籍企業の直接投資で生産された製品が、高所得国の市場に輸出されることを前提していたからです。これが、**輸出志向工業化** export-oriented industrialisation による、米国の新たなグローバル覇権の追求でした。第一章で学んだグローバリズムの第二の類型は、このとき本格的に始動しました。

一九八〇年代に入ってから、グローバル経済を空間統合する技術革新が、急速に進みはじめました。インターネット、大型機による国際航空輸送、国際電気通信の高品質化・低廉化、国際宅配便、コンテナ貨物などがそれです。これにより、出来上がった製品を輸送することも、生産管理のための情報のやり取りも、高速にしかも安価にできるようになりました。

多国籍企業立地のグローバル化には、WTOが、関税引き下げの取り決めによって、財が国境を透過しやすくしたこと、そして多国籍企業を送り出す国、ならびに受け入れる「ホスト国」が、その経済成長を図るために、海外直接投資に関わる規制や為替管理を緩めてきたこと、などネオリベラリズムの規制緩和政策も重要な寄与をしました。

途上国の輸出志向工業化は、高所得国に市場が存在し、それが拡大し続ける限りで、貧困にあえぐ過剰人口を、次第に労働市場に組み込んでゆくことができました。米国は積極的に市場を提供し、東南アジアの途上国に住む人々は、これによって次第に貧困から脱却できました。周辺フォーディズムの回路がうまくまわりはじめたのです。

これに対し、かつて途上国の関心を集めた輸入代替工業化は停滞していきました。なぜなら、途上国の市場は小さいので規模の経済が働かず、生産の効率がよくありませんし、国内の産業が関税障壁で護られており、競争力を失った旧式設備がいつまでも使われて、コストが増大していったからです。海外の多国籍企業が東南アジアに直接投資を行い、輸出型工業化が進展して人々の所得が増大すると、従属理論的な主張は、影を潜めました。途上国の人々は、多国籍企業の工場労働者となって自分の所得を増やせば貧困から脱却できるとわかったからです。ベトナムや毛沢東主義の中国に呼応し東南アジアの山奥にいた共産ゲリラは、次第にその社会的影響力を失い、政府の討伐作戦によって消えて行きました。

当時、輸出志向工業化をすすめる資金は、比較的容易に入手できました。一九六〇年に設立されたOPEC（石油輸出国機構）は、一九七三年に、原油価格を四倍に引き上げました、またこれと前後して、油田や製油所などを国有化し、米国五社・西欧二社の計七社から成っていた国際石油資本は、石油価格支配の実権を失いました。こうして中東に集まった資金は欧州の銀行に流れ込み、それが途上国工業化のための融資に回りました。ただし、これにより多くの途上国は、のちに累積債務に苦しむことになります。

このような好条件が重なり、一九七五年ごろから急速に、多国籍企業の生産過程は、海外に進出し、新国際分業のネットワークが形成されてゆきます。

戦後日本経済の経験

輸出指向型工業化で経済の離陸に成功したのは、この時期の途上国が初めてではありません。その先輩の一人は、実は戦後の日本経済でした。

敗戦直後の日本では、戦後の経済発展をどのように進めたらよいかについて、大きな論争が巻き起こっていました[2]。

その第一は、平和産業を復興させ、海外の資源を日本で加工してグローバルな市場に輸出する加工貿易で経済発展を実現しようとする、加工貿易の立場でした。これは、日本の産業自体が、米国を中心とする世界市場と関係を持つとともに、日本の企業が多国籍化して海外に進出してゆく可能性をふくみます。第二は、第一章で学んだ従属理論の処方箋と似ていて、海外に資源や市場を求めることなく、戦後は日本国内でできるだけ経済的に自立し、国内資源開発と国内需要を中心とした経済再建を目指そうとする立場でした。

結局、この論争では、第一の立場が勝ちました。

日本の企業はまず、朝鮮戦争で米軍から生まれた特別の需要で成長のきっかけをつかみ、ついで一九五〇年代後半からおよそ二〇年近くにわたり、主として米国の市場を目指し、重化学工業の生産力を急速に拡張してゆきました。政府は、全国総合開発計画にもとづき、太平洋岸にそって大規模な工業基地を造成し、また鉄道や道路網を整備して、生産力拡張を支えました。

産業技術の面で見ると、当時の主要な輸出産品であったトランジスタ・音響製品などの技術の基本的コンセプトは、その多くが米国から導入したものでした。日本は、その技術を大量生産にあうよう改良し、品質管理技術を高め、第四章二節で学ぶプロダクトサイクルの普及期にある財と市場にターゲットを絞って、量産を推進したのです。

工場で働く労働力は、当時、農村における次・三男を中心として豊富に存在しており、毎年、集団就職列車を仕立てて、新卒の中学生が東京や大阪の大都市へと大量に流入してきました。一米ドル＝三六〇円という当時の固定為替レートは、相当な円安でした。これは、日本の労働者の賃金がグローバルに過小評価されていたことを意味します。低いコストで高品質の製品を生産し、それを安い価格で海外に売りこんだので、日本経済は急激な成長を実現できました。

国際収支の赤字を出してグローバルな市場となった米国

いくら途上国が多国籍企業誘致にふんばっても、輸出指向型工業化の場合、自国だけでは経済を成長させられません。外国に市場が必要です。

この市場を世界にむけて提供したのは、米国でした。米国は、オフショア組立規定（ＯＡＰｓ）という特別の関税上の特典を、米企業に与えました。これは、海外直接投資によって立地した米国外の工場が、米国から輸出した原料を用いて加工を行い、その製品を再び米国に持ち込んだ場合に、その加工によって増えた生産物の価値にだけに関税をかけることにして、比較的低い関税率で輸入できるようにする措置です。これにより米国の多国籍企業は、工程を垂直分割して海外で生産し、それを米国に輸入することが容易にできるようになりました。

実は、この米国企業のグローバル化戦略は、政治的のみならず、米国内の経済ならびに社会上の理由からも必要とされていました。一九六〇年代末期から米国の製造業では次第に生産能力の過剰があらわとなり、利潤率が低下していきます[3]。一九六五年から一九七三年の間に、米国製造業の利潤率は、四三・五％も低下したのです。このことから、米国の製造業は、コスト削減努力を強めます。コスト削減に手取り早い方法は、労賃が安い途上国に工場を移転させることでした。

また、米国では、同じ産業の複数の会社を横断して一つの組合が組織される産業別組合が標準的で、フォーディズムの時代にはこれが労使交渉で強い権利を獲得していました。海外での工場立地というオプションができると、米国の企業は、海外に工場を移転させると労働者に恫喝をかけ、また実際に移転させて、米国内の労働組合をより従順なものとすることに成功しました。

海外からの輸入が増えるほど、米国の国際収支は赤字がかさみます。二〇〇五年四〜六月期だけでも、経常赤字は一九五六億ドルと、過去二番目の高水準になりました[4]。しかし、赤字が少しぐらい増えても米国は困りません。なぜなら、米ドルはなお、事実上世界の基軸通貨だからです。米国は、シニョリッジという特権をもっていますし、世界の各国は、国際的な取引に使う外貨準備の多くの部分を米ドルで保有しており、この米ドルは、ほとんど米国政府の国債に投資されているのです。

とはいえ、調子に乗って米ドルを狸のようにたくさん印刷しすぎると、世界中に米ドルがあふれてインフレが起こり、米ドルが減価してしまいます。

米ドルが減価すれば、海外の政府が保有している米ドル建ての米国債も減価します。これは、米国にとって必ずしも損な話ではありません。なぜならそれは、米国が負っている対外債務の「借金棒引き」と同じ効果を生むからです。ただし、余り露骨にこの政策をとると、金《きん》やユーロへのシフトが起こり、米国のグローバルな経済覇権自体が疑問にさらされてきます。そこで、貿易赤字は、米国に資本が流入することによっても、埋め合わせられなければなりません。

この赤字埋め合わせを行っているのは、主に日本など東アジア諸国です。日本の生命保険会社の資金、そして最近では日本の財務省が「円高阻止」と称して行う介入資金が、米国債を大量に買い上げています。中国も、米国に輸出して稼いだ米ドル資金で、たくさんの米国債を買っています。

要するに、米国は、世界の市場経済を維持する市場を提供し、世界から購入した商品の代価として世界中に米ドルを支払いますが、米ドルが事実上の基軸通貨であるというグローバルな経済システムのもとで、これは米国債を経由し米国に還流してくるのです。こうして世界中から得た資金は、米国の世界覇権を維持するための軍備増強や軍事技術開発、そしてこれらを通じた米国の多国籍企業振興などのためにつかわれました。

表２　世界の諸経済（2000年）と比較した多国籍企業の規模（10億米ドル）

順位	多国籍企業ないし国・地域の名称	付加価値[a]	順位	多国籍企業ないし国・地域の名称	付加価値[a]
1	アメリカ合衆国	9810	51	チェコ	51
2	日本	4765	52	アラブ首長国連邦	48
3	ドイツ	1866	53	バングラデシュ	47
4	イギリス	1427	54	ハンガリー	46
5	フランス	1294	55	フォード自動車	44
6	中国	1080	56	ダイムラークライスラー	42
7	イタリア	1074	57	ナイジェリア	41
8	カナダ	701	58	ゼネラルエレクトリック	39[b]
9	ブラジル	595	59	トヨタ自動車	38[b]
10	メキシコ	575	60	クウェート	38
11	スペイン	561	61	ルーマニア	37
12	韓国	457	62	ロイヤルダッチシェル	36
13	インド	457	63	モロッコ	33
14	オーストラリア	388	64	ウクライナ	32
15	オランダ	370	65	シーメンス	32
16	台湾	309	66	ベトナム	31
17	アルゼンチン	285	67	リビア	31
18	ロシア	251	68	BP	30
19	スイス	239	69	ウォルマートストアーズ	30
20	スウェーデン	229	70	IBM	27[b]
21	ベルギー	229	71	フォルクスワーゲン	24
22	トルコ	200	72	キューバ	24
23	オーストリア	189	73	日立	24[b]
24	サウジアラビア	173	74	トタル	23
25	デンマーク	163	75	ベライゾンコミュニケーションズ	23[d]
26	香港	163	76	松下	22[b]
27	ノルウェー	162	77	三井物産	20[c]
28	ポーランド	158	78	EON	20
29	インドネシア	153	79	オマーン	20
30	南アフリカ	126	80	ソニー	20[b]
31	タイ	122	81	三菱商事	20[c]
32	フィンランド	121	82	ウルグアイ	20
33	ベネズエラ	120	83	ドミニカ共和国	20
34	ギリシア	113	84	チュニジア	19
35	イスラエル	110	85	フィリップモリス	19[b]
36	ポルトガル	106	86	スロバキア	19
37	イラン	105	87	クロアチア	19
38	エジプト	99	88	グアテマラ	19
39	アイルランド	95	89	ルクセンブルク	19
40	シンガポール	92	90	SBC コミュニケーションズ	19[d]
41	マレーシア	90	91	伊藤忠商事	18[c]
42	コロンビア	81	92	カザフスタン	18
43	フィリピン	75	93	スロベニア	18
44	チリ	71	94	本田自動車	18[b]
45	エクソンモービル	63[b]	95	ENL	18
46	パキスタン	62	96	日産自動車	18[b]
47	ゼネラルモーターズ	56[b]	97	東芝	17[b]
48	ペルー	53	98	シリア	17
49	アルジェリア	53	99	グラクソスミスクライン	17
50	ニュージーランド	51	100	BT	17

出所：UNCTAD
　　http://www.unctad.org/Templates/Webflyer.asp?docid＝2426&int ItemID＝1634&lang＝1

a　国・地域の場合はGDP、多国籍企業の場合は付加価値を表す付加価値は給与・税引前利益・減価償却費の合計である。

b　データが利用可能な製造業66社について、2000年における総売上高の30％を付加価値とみなして推計。

c　付加価値に関するデータが利用可能な総合商社７社について、2000年における総売上高の16％を付加価値とみなして推計。

d　付加価値に関するデータが利用可能なその他の第３次産業22社について、2000年における総売上高の37％を付加価値とみなして推計。

付記：上位100の国・地域のマクロ経済および多国籍企業を順位化

グローバルな市場経済化によって支配力を増した多国籍企業

市場経済という「太陽」を使った米国によるグローバルな覇権への試みが世界をリードする過程で、途上国という未開の発展のフロンティアを得た多国籍企業はますます大規模になりました。それはいまや、新古典派のいう原子的経済人どころか、惑星のように巨大な経済単位です。その規模を企業の付加価値額（賃金・利潤など、その企業が生産活動を通じて一年間に新たに生み出した富）について調べ、途上国の国内総生産（GDP、一国のマクロ経済が、その経済活動を通じ一年間に新たに生み出した富）と対応させてみると（**表2**）、自動車最大手のゼネラルモーターズの付加価値が南米のペルー一国のGDPを上回り、トヨタの付加価値はルーマニア一国を上回ります。

途上国の人々の心を捉えた、輸出型工業化をになう多国籍企業のネットワークは、いまや、途上国の命運を握り、それを凌駕して支配する強大な権力を持つようになったのです。

前章で述べた、第二の類型のグローバリズムが、こうして世界に確立しました。

（1）　企業がたくさん儲けるには労働者の賃金を切り下げればよいように思えます。しかしよく考えてみると、賃金が低いならば労働者の財布はいつもカラで、企業の製品を買えません。製品は売れず、会社は倒産し、経済は恐慌に陥ります。また、労働者は低い賃金で搾取する企業に反感を抱き、革命運動に立ち上がるかもしれません。革命と恐慌という、資本主義をたちゆかなくさせる二大天敵をあらわにしてしまう低賃金政策は、実は大変ヘタなやり方なのです。このことに最初に気がついたのは、一九一四年、米国の自動車会社社長フォードでした。そこで、その名をとってこの体制を「フォーディズム」と呼びます。

(2) 小宮隆太郎、奥野正寛、鈴村興太郎編『日本の産業政策』東京大学出版会、一九八四年、二八ページ。
(3) ロバート・ブレナー『ブームとバブル：世界経済のなかのアメリカ』石倉雅男、渡辺雅男訳、こぶし書房、二〇〇五年、三一―三六ページ。
(4)『日本経済新聞』二〇〇五年九月一七日。

5 ネオリベラリズムが世界を覆う

多国籍企業のグローバルな展開によるグローバリズムは、一九八〇年代に入ると、市場主義の追い風に乗って、計画経済のもとにある領域にも、フロンティアを広げてゆきました。

中央集権的計画経済の行き詰まり

社会主義経済のシステムにおいて、労働者の基本的な消費財は廉価で供給されていました。しかし量が十分でなく、買い物には行列しなくてはなりません。資本主義諸国なら豊かな消費財があふれているとの情報が市民の間に流れ、人々は民主主義にあこがれるようになりました。しかし、不満をいだいた人々の反体制運動は秘密警察によって監視され、弾圧が加えられました。

もちろん、社会主義には優れた面も沢山ありました。国土の津々浦々まで、どこに住んでいようとも、教育・医療・文化・電気・水道・公共交通・住宅といった基本的な公共サービスが保障されていました。農民は、集団農場や国営農場に組織されており、農産物は政府が公定価格で必ず買い上げてくれました。住宅は公営で家賃は安く、労働者には定期的に国営保養所での無料休暇が与えられ、老後は年金が支給されました。社会主義では、共産党が一党独裁する体制に反抗する言動さえとらず、真面目に働きさえすれば、決して贅沢ではないがそれなりの生活が全員に保障されていたのです。

しかし、より効率的で魅力的な商品を生産するための技術革新への動機はとぼしいまま、時がたつにつれ計画経済のシステムには硬直した官僚制がはびこり、経済はますます停滞しはじめました。ソ連では、企業に一定の独立採算制を導入したり、集団農場に自留地を設けたりなど改革が試みられましたが、問題の根本的解決には至りませんでした。

こうしたなかで、市場経済にある、質の高い消費財に人々は気をひかれてゆきました。人々は、社会主義ですでに与えられていたものは決して失わないと思い込み、市場経済という体制が、持っている貨幣の量によって人々の力が実質的に決まる社会であることを忘れていたのです。

一九九一年末、ついにソ連は崩壊し、市場経済が導入されることになりました。市場経済化の過程は、ソ連の覇権下にあった東欧諸国などにも及びました。

やがて旧ソ連には、社会主義時代に構築された資産や開発された資源を私物化し、私腹を肥やそうとする「オリガルヒ」(寡頭制)が台頭しはじめました。米国を中心とする多国籍企業は、このようなオリガルヒの一部と結びつき、旧ソ連や東欧に埋もれた資源やビジネスチャンスをわがものにしようとしました。

中国とベトナムでは、一党独裁のまま、共産党自身が多国籍企業の投資と市場経済を導入する政策をとり入れはじめました。

結局、かつての社会主義国のほとんどは、自国の経済の門戸を多国籍企業に対して開くようになったのです。こうして、これまでの途上国と並んで、旧社会主義諸国が、市場経済の新しいフロンティアとなってゆきました。

途上国の階層化と、多国籍企業から忘れられた諸国

多国籍企業の立地により周辺フォーディズムが成功した途上国ではどうだったでしょうか。

これらの国で所得が向上すると、その途上国は、国内でも商品を多く需要するようになり、地元の企業は経営に十分な市場を確保できるようになりました。

韓国のように、積極的な融資を行うなどして、自国の企業を多国籍企業に成長させようとする国も現れはじめました。

より経済成長に成功した途上国のなかには、ミニ中枢となって周囲のより貧しい途上国を周辺と位置づけ、その覇権を目指す国も現れました。タイが周辺のラオス、カンボジア、ビルマ、ベトナム、中国雲南省などを巻き込んで、自国通貨のバーツを基盤に「大メコン圏」を組織し、タイとその首都バンコクを結節点と位置づけようとしているのは、その例です。

とはいえ、多国籍企業が関心を持たず、そのネットワークに入り込めなかった途上国もあります。多国籍企業のネットワークに入り込めた国ないし産業とのあいだには、絶望的な南南格差が広がりました。

一九九八年には、地球上でおよそ一二億人が、一日一米ドル以下での生活を強いられています。五人いればそのうち一人が、このような貧困にさいなまれているのです。一九八七年にはこれが一一・八億人でしたから、かえって増えています。一九八七年の四・二億人から一九九八年の二・八億人へと、例外的に顕著な減少を示したのは、多国籍企業の海外直接投資を多く招き入れた東南アジアと中国を含む「東アジア太平洋諸国」の地域だけで、その他の地域では、人口の絶対増に伴って、貧困者の数も漸増しています[1]。

とくに「サハラ以南のアフリカ」地域では、一九八七年の二・二億人から一九九八年の二・九億人へと貧困者が増大しています。この地域では、南アフリカ共和国を除き、インフラも十分整備されておらず、風土病が蔓延し、人々は教育も十分に受けていません。これでは、いくら人口は多くとも、これらの人々を労働者として雇って工場を立地させることは難しいのです。これらの諸国は、多国籍企業の投資から大きく見放された地域といってよいでしょう。

こうして、今日の途上国は、「途上国」という一つの語で一括りに出来ないほどに、多様化し、階層化が進んできました。これが、多国籍企業のもとでつくりだされた、グローバリズムの空間編成なのです。

米国を中心とする市場原理主義とネオリベラリズムの広がり

高所得国に目を向けると、一九七三年のオイルショックを契機として、世界各国の経済はすでに停滞しはじめていました。石油価格高騰が、世界中にインフレと経済の停滞という二つの事象を、同時に、スタグフレーションとしてもたらし、日本では高度経済成長を終焉させました。増大した失業者を救い、不況から脱出しようとする世界各国の政府の努力は、財政に大きな負担をかけ始めました。

こうした状況のもと、一九八一年に米大統領に就任したレーガンは、規制緩和を行い小さな政府のもとで競争を促進する「レーガノミックス」を唱えます。これは、経済を新古典派経済学が説く「見えざる手」にまかせ、政府は介入しない、市場原理主義を目指すものでした。

この市場原理主義は、IMFを、次いで世界銀行を捕えました。公共投資政策の「見える手」で貧困の撲滅を図る機関だった世界銀行は、一九八〇年代初めから、市場原理主義を政策の中心にすえるように変わってゆきました。

各国のエリートやその候補たちは、米国流のMBA教育に象徴されるビジネスモデルを理想とし、米国で体系化された新古典派経済学を積極的に学んで、市場原理主義の思想は世界に広がってゆきました。

一九八〇年代には、中南米を中心とする途上国が、貸し付けられた資金を返済できない状況となっていました。しかし途上国には、米国のように、ドルを世界中に散布して、債務が累積すればそれをドルのインフレで帳消しにする、野放図なシニョレッジの自由はむろんありません。途上国は、稼いだわずかの外貨で、先進諸国の多国籍金融機関に対して負った債務を返済することに追われました。その過程で、債務返済要求の厳しいムチをわずかに緩める代償として、その国はIMFの軍門に降り、さまざまのネオリベラリスト的な**構造調整政策** structural adjustment policies をのまされたのです。

一九八九年、米国の首都ワシントンの国際経済研究所で、IMF、世界銀行、米国財務省の確認のもと、債務危機にある途上国に処方すべきネオリベラリズムの経済政策を集大成したワシントンコンセンサスがまとめられました。これは、「浅く広い」徴税への税制改革、公共事業など支出抑制による均衡財政、インフレの管理統制、公営企業の民営化、関税引下げと貿易自由化、外資にとっての投資規制除去、などから成る一つの政策パッケージです。[2]

これに基づいて世界各地で推進されたのが、ＩＭＦの、構造調整政策です。

例えば、エチオピアでは、地元最大の銀行を分割させて外国の銀行と競争させ、さらに金融市場も自由化させようとしました。エチオピア政府はこれに対し、これでは海外から多国籍金融機関が進出して、自国の銀行のビジネスが奪われ、中小企業や農民に融資していた地元の銀行が倒産し、融資が減って金利が上昇する、などと主張して抵抗しました。すると、ＩＭＦは、援助の差し止めという決定的な手段で制裁を行ったのです。[3] 巨大な相撲取りが、赤ん坊の手をひねりつぶすようなやり方です。

国際収支の経常赤字に苦しむ国の政府は、海外からの資金流入がないと国の経済が成り立ちません。このような国への金融を媒介するのは、米英を中心とする多国籍金融機関です。その機嫌を損ねる政策をとれば、その国の「投資環境への憂慮」が示されます。多国籍企業は投資を引き揚げ、外貨が尽きた途上国の通貨は暴落し、世界の経済界から「破産宣告」がつきつけられます。

途上国だけではありません。日本政府は、税収が五〇兆円しかないのに、八五兆円もの支出を行い、その財政赤字を国債発行でまかなっていることが、すでに世界に広く知られています。いずれ「破産宣告」の日が来ることを、世界の関係者はひそかに予測しています。日本株を買う海外投資家は多いのですが、日本国債を買う投資家はわずかしかいません。

破産の日が来たとき、ＩＭＦが日本を管理下においてどのような政策を採るか、すでに具体的な準備がなされていることが、二〇〇二年二月の国会衆議院予算委員会で暴露されました。このとき質問に立った民主党の議員によれば、それは次のようなものです[4]。

公務員の総数、給料は三〇％以上カット、及びボーナスは例外なくすべてカット。……公務員の退職金は一切認めない、一〇〇％カット。年金は一律三〇％カット。国債の利払いは五年から一〇年間停止。消費税を二〇％に引き上げる。課税最低限を引き下げ、年収一〇〇万円以上から徴税を行う。資産税を導入し、不動産に対しては公示価格の五％を課税。債券、社債については五から一五％の課税。それから、預金については一律ペイオフを実施し、第二段階として、預金を三〇％から四〇％カットする。

ＩＭＦは、こうして、さまざまの経済主権を諸国家から奪ってゆきます。日本も、このままでは、いずれ奪われるかもしれません。

こうして、各国の政治的独立を維持したまま、これらの国際機関を牛耳る世界最強の覇権国家すなわち米国が、ネオリベラリズムで世界を覆い、グローバルな支配を及ぼすという、第三期のグローバリズムが確立しました。

以上の歴史的過程の結果、①各国の経済をグローバルな資本に開放し、イデオロギーの面で人々を市場原理主義によるグローバル化へと動員する、新古典派経済学に裏付けられたネオリベラリズム、

②経済のグローバル化を実際に担う多国籍企業、ならびに国際金融を媒介する多国籍銀行と投機的金融資本、③米国の覇権とその下にある各国政府からなる国際政治、という三つの層から成る、現代グローバリズムの基本構造ができあがったのです。

このうち、①にかかわる新古典派経済学と市場原理主義のイデオロギーは、きわめて特殊な性格をもっています。市場原理主義とは何か、またネオリベラリズムとは何か、それがもつイデオロギー的性格をよく知っておくことは、今日のグローバリズム、とりわけその③の類型を的確に認識するうえで不可欠です。次章で、この点について、さらに立ち入って検討することにしましょう。

（1）世界銀行『世界開発報告：貧困との闘い　二〇〇〇／二〇〇一』西川潤監訳、シュプリンガーフェアラーク東京、二〇〇二年。
（2）スティグリッツ『世界を不幸にしたグローバリズムの正体』鈴木主税訳、徳間書店、二〇〇二年、三一－三六ページ参照。
（3）スティグリッツ、前掲書、五六－五八ページ。
（4）http://www.shugiin.go.jp/itdb_kaigiroku.nsf/html/kaigiroku/001815420020214010.htm?OpenDocument#p_top

第三章　グローバルな覇権イデオロギーとしての市場原理主義とネオリベラリズム

前章で学んだグローバリズムの三つの時期はどれも、それぞれの時期に支配的な政治・経済権力の正統性を多くの人に信じ込ませようとするイデオロギーによって支えられています。

第一期のポルトガルとスペインの場合、それはカトリックの信仰と思想でした。第二期のイギリスの場合、未開な民族を啓蒙文明化する「白人の責務」という道義性が強調されました。そして、第二次大戦の連合国は、ファシズムによる圧制からの解放を、帝国主義戦争の大義名分としました。

では、米国が覇権を握る第三期のグローバリズムを正統化するイデオロギーは、何でしょうか。それは、貨幣に媒介された市場の経済メカニズムは全能で、最も合理的かつ効率的であると主張する市場原理主義であり、これを経済・社会制度に応用したネオリベラリズム（新自由主義、新保守主義）です。このイデオロギーは、米国中心の多国籍企業による新国際分業の活動を実際に支えつつ、第一章で学んだ「グローバルな収斂を通じた至福の世界」「そこでは誰もが『勝ち組』になる機会がある」という未来への幻想を、ふりまき続けています。

貨幣はもともと、物々交換の不便を解決する便宜的手段にすぎませんでした。魚を持っているAさんが布地を欲しがり、布地を持っているBさんが米を欲しがっているのでは交換が成立しません。しかし、貨幣があれば、Aさんは魚を売って貨幣を入手し、この貨幣でBさんから布地を買えばよいわけです。貨幣という人格性がない謙虚な仲介者の登場は、市場取引を大きく発展させました。

この貨幣が媒介する市場システムが、社会のすべてにおいて根幹であると唱えるのが、第一章で少し触れた、新古典派経済学です。これが第一期、第二期のグローバリズムのイデオロギーと大きく異なるのは、それが複雑な数学を多用し、一見もっともらしい自然科学のような理論として構築されていることです。だからこそ、ネオリベラリズムに基づく今日のグローバリズムは、正統性があるように見え、イデオロギーとして機能しうるのです。

それゆえ、グローバリズムについて的確な認識を持つためには、まず、その背景にある新古典派経済学について知り、その論理と思想がはらむ問題点を十分に理解しておかなくてはなりません。

このような立場から、本書では、新古典派経済学と市場原理主義について、特に一章を割き、その生い立ちと思想の特徴について、批判的検討を行うことにします。

1　ネオリベラリズムという思想の生い立ち

失われた欧州の大帝国、ハプスブルク

ネオリベラリズムの起源を語るには、今から一世紀前のウィーンを訪れてみなくてはなりません。

ウィーンというと思い浮かぶのは、ぎすぎすした競争の市場原理よりもむしろ、競争で疲れた心を癒してくれる音楽でしょう。モーツァルトやベートーベンなど、不朽の作曲家の多くは、このオーストリアの首都で活躍しました。

オーストリアは、いまでこそ欧州の比較的小さな国になりましたが、かつてはハプスブルクという王家が統治する大帝国でした。二〇世紀はじめ、その領土は、東は遠く現在のウクライナ西部に及び、南はオスマントルコ帝国に接していました。ドイツ語を話すオーストリア人の下に、スラブ系（チェコ、スロバキア、スロベニア、クロアチア、ポーランドなど）、遠くアジアの遊牧民族だったマジャール系（ハンガリー）、そしてラテン系（ルーマニア）など数多くの民族がとりこまれ、周辺からはトルコ民族なども流入していました。

モーツァルトが有名な「トルコ行進曲」を書いたのは、こうした大帝国の当時の版図を反映したものだったのです。音楽だけでなく、「限界革命」をもたらしたメンガーなど著名な経済学者や探険家を生み、いまでも北極海やニュージーランドの地名には、探検家がつけたフランツヨーゼフ国王の名が残っています。

しかし、ハプスブルク帝国は、革命で国王をギロチンにかけ、共和制を宣言して天賦の人権を唱える市民が社会の主人公となったフランス、力強い労働運動が起こり、それを契機に救貧法や工場法など労働者保護・福祉政策が採られた英国などとくらべると、社会思想や政治風土において、ずっと保守的でした。専制君主やその直属の官僚の権力が強く、労働者や市民が社会の主人公となることはありませんでした。

広大な領土に多くの民族を抱えていた当時のハプスブルク帝国では、民族関係を調整し国家統合を図ることが、常に大きな課題でした。ここに専制君主の重要な役割があったのですが、それと並んで、民族や共同体を超越して人々を統合しうる非人格的な存在、すなわち貨幣と競争を強調する思想が、ここから生まれてきたのかもしれません。

ハプスブルク帝国は、二〇世紀はじめに、それまでオスマントルコ領だったボスニア＝ヘルツェゴビナを領土に取り込みますが、当時ロシアやイギリスのバックのもとで力を得ていたセルビア人の反感を買い、サラエボ市内で皇太子が暗殺されてしまいます。ハプスブルク帝国はこれを懲らしめようと戦争を仕掛け、かえって第一次大戦に敗れてしまいました。

一九一八年、天賦の人権を唱えた国フランスで開かれた会議によって、ハプスブルク帝国の解体が決定され、帝国はたくさんの民族国家に分かれました。

天賦の人権を否定した保守の思想家、ハイエク

今の世界地図にあるオーストリアは、こうして崩壊したハプスブルク帝国のうち、ドイツ語を話す人々が住むほんの一かけらに過ぎません。

オーストリア人、フリードリヒ・アウグスト・フォン・ハイエクは、一八九九年、こうした保守的な社会思想の風土に生まれました。

ハイエクは、市場を、ひとりでにできあがる自然の秩序であり、個人の自由が生まれる源泉であると認識しました。そして、社会を組織化する原理として価格と競争を絶対化し、競争の結果として、

勝者が上昇し敗者が没落することは当然だと考えました。ハイエクにとって、「自由」とは天賦の人権としてだれにでもおのずと与えられるものではなく、自ら努力して貨幣で買うものです。それゆえ、努力を怠りお金が無い人は、貧困に苛《さいな》まれ、不自由な状態に置かれるのも自己責任であり、やむを得ないことになります。

第一次大戦の戦後処理で、ハプスブルク帝国の解体をもっとも強く主張したのは米国でした。ハイエクは、その後ほどなくその米国に渡ります。そこで彼の思想はさらに展開され、これが米国の風土に根付きました。

米国は、WASP（白人・アングロサクソン・プロテスタント）の支配の下で、ハプスブルク帝国と同じように、たくさんの民族からなりたつ国です。これを統合するにも、やはり貨幣と競争が一番手っ取り早いのです。これが、今日の市場原理主義、そしてネオリベラリズムの源流となりました。欧州の失われた専制的帝国の亡霊は、いまや、グローバリズムを支配する思想となったのです。

真理を、客観的実在としてでなく、確率の世界で考える

ウィーンでは、新古典派経済学に影響を与えた理論が、もう一つ生まれていました。それが、社会科学に推測統計学的手法を導入する糸口となった、ポパーらの「反証可能性」という考え方です。これは、「太陽は毎日昇る」ことを明らかにするため、「太陽が昇らない日」が見つからないことを示して、「太陽が毎日昇る」ということを間接的に証明する、というやり方です。

サイコロを例にとってみましょう。今ここにあるサイコロは、正しいでしょうか、イカサマでしょ

うか。ポパーの考えに従えば、このサイコロが正しいと直接に結論することはできません。そうではなく、「このサイコロは正しい」という言明を反証するために逆の「帰無仮説」、つまり「サイコロはイカサマだ」という言明をたてて、その当否を検証します。具体的にいうと、帰無仮説の当否を判断する基準をたとえば〇・〇一に設定し、一〇〇回に一回以上「サイコロがイカサマだ」という言明を支持する事象が起こったならこの帰無仮説は正しいと判断せよ、という基準を設けます。サイコロを一回ふって二の目が出る確率は六分の一、二回連続して二の目が出る確率は三六分の一、三回連続してふって三回とも二の目が出る確率は、二一六分の一です。二一六分の一＝〇・〇〇四六……ですから、もし、三回とも二の目が出たとすると、このサイコロについて、帰無仮説は証明されたことになり、「このサイコロはイカサマだ」と結論することになります。ただし、二一六分の一の確率で誤った結論であるという留保条件つきです。他方、三回目に二以外の目がでれば、「サイコロはイカサマだ」という帰無仮説は否定されますから、反証は得られなかったことになり、ひるがえってサイコロは正しいと結論されることになります。

これが、現在では、計量経済学で用いられる推測統計学の基本的な考え方となりました。真理を、客観的で絶対的な必然性の世界ではなく、確率という相対的なものとして、反証可能性という世界でとらえるのです。

これは、絶対的真理を探究するという試みを放棄し、ある判断が現実に役に立つかどうかを重視する、という立場でもあります。客観的真理の探究を、こうした認識の相対主義に置き換えてしまうのが、社会科学における計量的な手法だといえるでしょう。

2 新古典派経済学はなぜイデオロギーか――前提、現実、そして隠されているもの

「熱い共感と冷静な頭」からの決別

経済学はもともと、英国で生まれ育った学問です。古典派経済学を最初に体系化したアダム・スミス以来、ケインズに至るまで、経済学は、どうしたら国民の富は増加し、社会的に公正な分配が行われ、そして失業者に職を与えることができるかという、社会的弱者の立場に十分目を配って発展してきました。イギリスの経済学者マーシャルは、「Cool head but warm heart」とそのケンブリッジ大学教授就任演説で説き、学生にスラム街を視察するよう勧めました。経済学者は、弱者や貧者に対する熱い道徳的・倫理的な共感を、冷徹な論理による学問の分析対象にして、それによって貧困や失業のない社会を作ることに貢献することをめざすべきだ、という考えだったのです。英国を代表する経済学者ケインズが、それまでの古典派経済学の論理を組み替えて、当時英国にあふれていた失業者を救済するため、その主著『雇用・利子および貨幣の一般理論』で提示した処方箋は、その典型例でした。

米国で発達した新古典派経済学は、長いあいだ英国で続いてきたこのような経済学の伝統を、大きく変えるものでした。英国の経済学が持っていた道徳的・社会的な倫理規範の意識は隅に追いやられ、経済学は、経済主体すなわち人間の行動についてきわめて特殊な前提をおいて、経済変数の間の量的な関係を、数理的に、そして確率論的に解き明かす「数理論理学」とでもいうべきものの一種へと変

質していったのです。

精緻なモデル構築を特徴とする新古典派経済学は、高度な数学を多用します。一見したところそれは、自然科学の物理学などにも匹敵する精密さを備えているかのようです。新古典派の経済学者たちは、こうした「数理論理学」と推測統計学を合体させた研究手法によって、経済学は倫理感や価値判断に左右されない厳密な科学になったと主張します。その結論は、あたかも絶対的に無謬な真理であるかのように、人々の前にそびえ立ちます。

しかし、新古典派経済学と自然科学との間には、根本的な違いがあるのです。

自然科学は、客観的な自然の現実を周到に観察し、実験を行い、その上に論理を構築します。それは、客観的現実の認識を、前節で触れたような確率論の世界にとどめるのではなく、ときに巨大な実験・観測施設を建設し、あくまで絶対的な必然性の世界まで真理をつきつめようとします。

ところが奇妙なことに、新古典派経済学は、その理論の基礎にある人間の行動様式が実際どのようなものであるかについて、あまり強い関心をいだきません。必ずしも客観的現実から抽象してきたわけでない特殊な前提を脳内に仮定して、その上にモデルが構築されます。そして、そのモデルにあてはまらない現実は、いくら重要であっても、捨て去られてしまいます。

この、特殊な前提がいかなるものであるかというところに、新古典派経済学と市場原理主義のイデオロギー性がひそんでいます。そこで本節では、「原子的経済人」「収穫逓減」「セイ法則」「合理的経済人」「情報の完全性」「合理的期待形成」「苦痛としての労働」「パレート最適」という、新古典派経済学をささえる八つの前提ないし命題について、検討してみましょう。

原子的経済人

経済を構成する主体を原子のように微小で平等な個人と前提し、無数に存在するこの個人が貨幣の媒介によって分権的に社会関係を取り結び、そこに均衡がもたらされる、とするのが新古典派経済学の根幹にある**方法論的個人主義** methodological individualism です。第一章で学んだ、第一類型のグローバリズムが唱える「グローバルな収斂」の考え方は、この方法論に立っています。はたしてこれは、現実を適切に抽象したものでしょうか。

グローバリズムをになう多くの産業部門、たとえば自動車や電子産業が、他の経済主体からぬきんでて巨大な多国籍企業によって担われていることは、すでに学びました。そこにある競争は、企業間の癒着や談合などの不明朗な結合も含む、寡占的競争や独占であり、原子的個人から成る経済という前提は妥当しません。

企業内部についてみると、社内は垂直的な関係によって組織されています。就業規則により、部下の社員は上司の指示に従わなくてはなりません。このような権力関係の下で、個々の社員が自立的個人としてふるまうことはできません。

しかし、新古典派経済学は、実際に存在する寡占や独占、そして企業規模ごとの格差や上下の力関係をおおい隠し、すべての経済主体が平等の権利をもつかのような、仮想の分権性を私たちの前に描き出します。仮に企業規模の不均等があっても、いつでも新規参入ができるようにしてあれば問題ないと主張します。これは、例えば、途上国に進出してくるライオンのように強力な多国籍銀行も、途上国にある兎のように弱い地元の金融機関も、すべて同等だという誤った前提をおくことを意味します。この前提のもとで、多国籍銀行が実際に途上国に進出してくれば、地元金融機関など、ひとたまりなく駆逐されてしまうでしょう。新しい地元資本による銀行が新規参入しても、長くはもちません。こうした仮想の分権性の前提のうえに描き出されたものは、企業規模の違いによる不平等な力の関係を覆い隠す、幻影としての平等主義にすぎません。この幻影を実体と見まちがえて、何のハンディもなく強い経済主体の前に晒された弱い経済主体は、座して食べつくされる運命におかれます。

収穫逓減

新古典派経済学によれば、おのおのの原子的経済人の供給規模は、企業がもつ生産技術と市場価格とによって決定されます。

生産量と生産費用との間には技術的に決まった関係があり、生産量が増えるほど、生産量を一単位増やしたときの費用（限界費用といいます）が増大する、と前提するのです。これを、新古典派経済学では**収穫逓減** diminishing returns と呼びます。

生産量を増やせば増やすほど生産費用が増すのですから、あるところまでくれば、生産費用はその財が市場で取引されている価格を上回り、企業はそれ以上生産しても赤字になってしまうことになります。そこで、企業は、「限界費用」と「市場価格」とが等しいところで、生産をやめます。

それぞれの企業は常に有限の規模に達したところで生産をやめますから、それにより供給量はコントロールされ、過剰生産が起こる可能性はありません。

しかし、これは、現実の製造業が持つ技術の状態を正しく反映したものでしょうか。一九五二年に、アメリカで企業に対し行われたアンケート調査によると、自社の生産過程が収穫逓減的であると回答したのは、一〇八二製品のうち、わずか六三製品にすぎませんでした。(1)むしろ大多数の生産過程が、生産量を増やすほど生産費用が減る、収穫逓増だったのです。

収穫逓増的であれば、生産すればするほど費用が下がるのですから、一九二六年に英国の経済学者スラッファが指摘したように、各企業の生産の規模は、生産技術によってではなく、市場に存在する有効需要量によって決まることになります。(2)

市場向けの生産は、基本的に見込み生産なので、企業がまだ売れそうだと思えば、いくらでも生産が増えます。その結果、市場には商品があふれ、過剰生産となってしまうことになります。

競争が過剰生産を招く要因はもう一つあります。実際の市場主体が原子的経済人に近い産業では起業に必要な資本量が少なく、新規参入が容易なので、つぎつぎと新しい生産者が市場に入り込んでくるのです。

例えば、繊維と衣類は、ファッション性の強いデザイナーブランドのようなものを別とすれば、比較的低い技術水準で生産ができ、一工場あたり必要とされる資本量もさほど多くありません。それゆえ、個人のレベルでも新規参入が比較的容易です。

では、繊維・衣類産業は、第一類型のグローバリズム論がいう「グローバルな収斂」という均衡への傾向を示しているでしょうか。

繊維・衣類産業は起業が容易であったため、われ先に新規参入と生産拡張が生じたので、グローバルな市場は商品であふれてしまいました。完全競争に近い産業部門が現実にもたらしたものは、完全競争による均衡でも「グローバルな収斂」でもなく、過剰生産による需給不均衡だったのです。

いくつかの国では、過剰に生産された繊維製品が輸入されすぎて自国の産業に脅威とならないよう、輸入割り当て（クオタ）を取り決め、規制するようになりました。こうなればいくら生産しても販売できませんから、厳しい輸出規制対象となっている国では、個人レベルでの参入は困難となります。

こうして、グローバルな完全競争は、グローバルな収斂どころか、皮肉なことに、ネオリベラリストが口を極めて非難する、政府の規制を呼び起こし、それによってはじめて供給量が需要量にみあうようにコントロールされることになったのです。

セイ法則

この繊維・衣類産業の例を、もう少し考えてみましょう。仮に過剰生産が全くなく、作ったものが右から左に売れてゆくならば、「グローバルな収斂」は起こるでしょうか。これが起こるというのが、ケインズによって「供給はそれ自体の需要をつくりだす」と要約された**セイ法則** Say's Law の主張です。セイは、一九世紀初めのフランスの経済学者の名です。

ケインズは、このセイ法則の批判を重要な課題としました。しかし、ケインズ経済学の否定の上に成り立つ新古典派経済学では、再びセイ法則が復活し、この理論によって「グローバルな収斂」という虚構がささえられているのです。

新古典派経済学は、自由競争のもとで、次のようなことが起こると主張します。

①資本が、土地地代や労働賃金が高いA国を嫌って、地代や賃金が低いB国へと移動する→②B国

で、土地や労働への需要が増える→③しかし、B国における土地や労働の供給は急に変わらないので、次第に地代や賃金が上がる。他方A国では、土地や労働への需要が減るので、地代や賃金が下がる。→これがくり返され、④地代と労賃が、世界中どこでも同じになる。

また、①ある財が余った国からそれが足りない国に輸出される→②その財が足りない国では供給が増えるので価格が下がり、余った国では供給が減るので価格が上がる→これがくり返され、③この財の価格は世界中どこでも同じになる。

しかし、資本が流入してきたB国で、土地・労働・商品などが大量にあり余っていたらどうでしょうか。これは、さきに述べた繊維・衣類産業における過剰生産の場合にあたります。土地と労働があり余っていれば、いくら需要が増えても価格は上がりません。また、ある財が余って輸出されても、過剰生産がひどく、A国になお売れ残りがあれば、A国での価格は低いままです。いずれの場合も、セイ法則が働かず、財の供給量と価格とが連動しません。それゆえ、「グローバルな収斂」は、永遠に訪れないのです。

A国とB国という二つの経済が収斂すると結論できるのは、どの生産要素も完全に充用され、また市場に供給されたどの財も常に需要されてすべて売りさばかれるという、架空の前提が置かれているからです。これは、経済学のタームでいえば、マクロな一般均衡がグローバルに成立している場合です。

市場経済は、多くの場合、計画的な注文生産ではありません。市場主体は、売れるかどうかわからないまま、見込みで生産し供給します。新規の経済主体は、既存生産者の市場シェアを少しでも食いちぎれるだろうという見込みのもとに、市場に参入してきます。こうした状況の下で、売れるかどうかは、事後的にしかわかりません。事実として、生産した財が売れ残る場合も多いのです。

しかしそれでは困りますから、企業は、マーケティングやマスメディアを通じた広告宣伝に、多額の費用を投じ、需要をつくりだします。資金力のある巨大多国籍企業であればあるほど、広告宣伝に力を注ぎます。

日夜営業努力に励む多国籍企業自身は、その行動で、「セイ法則」がありえないこと、それゆえ「グローバルな収斂」はありえないことを示しています。

意思決定の合理性

これは、人々が、市場においてどんな場合でも常に合理的に行動するという前提です。さらに、市場という場で行動することこそが、もっとも合理的な行為だと前提することでもあります。

普通の人は、たしかに、できることなら合理的に行動したいと思うでしょう。しかし、そう主観的に思うことと、現実にそのような行動がとれるかどうかとは、もちろん別問題です。

例えば、ある学生が、アルバイトをして得たお金で何を買うか迷っている場合を想像しましょう。選択肢として、CDと靴があるとします。CDばかり買うと飽きてしまう（これを、「限界効用の逓減」と呼びます）ので、靴もあわせて買います。新古典派経済学では、このような時、「予算制約線」（この場合の「予算」は、アルバイトで手にした所得です）と、二つの財との間にある「無差別曲線」（CDと靴とを組み合わせてそれぞれある個数ずつ買ったとき、得られる満足度の等しいところを結んだ線です）との関係を考えます。この予算制約線と無差別曲線がちょうど接するところが、最適の選択とされます。この、消費者の自立的決定を、**消費者主権** consumers' sovereignity と呼びます。

しかし実際には、所得を手にしたとき買える財が二種類だけということはありえません。ＣＤ一つとってみても、たくさんのアーティストがいます。どれをどれだけ買えばどれだけ満足すると、各人はどうしたら厳密に判断できるでしょうか。

無数にたくさんの財の効用についてのデータをすべて処理し、最適な解を見つけるには、スーパーコンピュータでもなかなか間に合わないでしょう。二種類の財のいずれかを選択するのに一〇〇万分の一秒かかるコンピュータがあるとします。もし、商品の数が五〇に増えると、このコンピュータを使って最適な財の組み合わせを求めるのに、三五年かかり、八〇になれば三五七億年を要し、太陽が巨大化して地球が飲みこまれる時が来ても計算は終らないのです。[3] コンピュータでもこうなのですから、人間である消費者の誰もが合理的に行動することは、不可能です。そのように前提するのは、経済学者の脳内にある妄想にすぎません。

われわれが市場取引において現実にとる行動は、このような合理的な意思決定に基づく判断ではなく、むしろ、のちの第五章でより詳しく述べるような、非市場的で人格的な信頼関係の心理です。このような心理は、大企業が需要をつくりだすために打つ大量の宣伝、つくりだされたブランドイメージ、他人が持っているものを自分も欲しい、流行に乗り遅れたくないといった、**共同主観** intersubjectivity としても作用します。また、企業内部においては、部下がいかに合理的判断をもっていても、権限がなければ上司の判断に従わざるをえません。

結局、人々の現実の経済行動のありさまを規定するのは、主体的な「合理的判断」ではなく、大企業の宣伝活動であり、また権力関係である場合がほとんどです。

文化・娯楽産業が市場を確保するために作り出すブランドイメージや共同主観が、ある特定の覇権国がもつ意識の上での優越性によって左右されることもしばしばです。これによってたとえば、米国の多国籍文化企業であるディズニーは、世界のすみずみまで、米国育ちのミッキーマウスやドナルドダックを植えつけました。マクドナルドやＫＦＣ、コカコーラなどは、食品会社ですが、その商品が世界中で大量に売れることの背景には、やはり、各国の人々がいだく、覇権国家である米国的生活様式への憧憬が存在しています。

イメージ広告を打つ巨大な企業は、「合理的経済人」としての消費者行動も「消費者主権」もあてにしていません。むしろ、冷静な合理性のもとでは消費の対象にならないかもしれない商品を、広告と宣伝で消費者に売りこむのです。

市場原理主義者が、「合理的な判断を損なう」などとして、こうした企業のマーケティング戦略に異議を唱えたという話は、聞いたことがありません。この結果、たいして役に立たない財、有害な財さえ需要され、また、価値ある地元の伝統文化が衰退してしまうことになります。

現実の市場は、合理的な意思決定とはほど遠い世界なのです。

情報の完全性

合理的な判断を行うには、自分の手に情報をすべて持っていなければなりません。新古典派経済学は、合理的判断を支えるため、すべての情報が市場参加者に完全に開示されていると前提します。

たしかに、最近、インターネットが発達し、また情報公開制度が普及して、人々はより完全に近い情報にアクセスできるようになったかのようにみえます。ですが、インターネットで情報に誰もがアクセスできるようになってしまえば、その情報は、経済主体の競争にとって価値がなくなります。競争に勝つため重要なのは、特定の人しか保有できない秘密情報です。これを入手して、情報を得られない一般市民を誘導し、あるいはライバルをだしぬくことで、自己の利益を確保し、市場競争に勝てるのです。このような秘密情報をより大量に独占できるのは、いうまでもなく、世界各地に情報のアンテナを張り巡らしている多国籍企業です。

一般の人々がインターネット情報にアクセスするとき、大手検索エンジンを使います。検索エンジンに検索キーワードを入力するとたくさんのページが出てきますが、実際に使うのはせいぜい上位二〇くらいまででしょう。検索エンジンをインターネット上で提供している業者は、どのページをトップに出し、どのページを数百位においてほとんど目にとまらないようにするか、プログラムの書き方で自由に操作できます。例えば、企業の公式サイトはすぐにヒットしても、その企業を告発するサイトは全く目立たないようにもできます。インターネットという情報空間は、このように、操作され、バイアスがかかっているのです。

市場に流れている現実の情報は、完全どころではなく、強い不均等性と非対称性をもっていて、決して万人に平等な合理的意思決定を許すものではありません。しかし、情報の完全性があたかも現実であるかのように語られ、それが日常意識となった世界では、特定の人しか知らない情報を独占的に入手し、それに基づいて競争をした経済主体が市場で勝ったことまでも、あたかも完全な情報に基づく合理的な市場行動ではないかと錯覚されてしまうのかもしれません。

合理的期待形成

それでもなお、すべての人々が本当に完全な情報を持ち、本当に合理的経済人として完璧にふるまえると仮定してみたら、どうなるでしょうか。

このありえない前提を現実としてみるのが**合理的期待形成** rational expectations という考え方です。ここから、面白いことが起こります。政府の財政支出を通じた有効需要創出は無意味だ、という市場原理主義の重要な命題が導きだされてくるのです。これは、ネオリベラリズムが推進する「小さな政府」を正当化する論理として、極めて好都合です。

いま、小泉内閣で「構造改革」の機関車となっている竹中平蔵大臣は、若いころ、米国留学中に、この合理的期待形成論の洗礼を受けていました。(4)

合理的期待形成論が「小さな政府」を正当化するあらすじは、次のようなものです。いま、ある政府が有効需要刺激のため、公共投資政策をとったとしましょう。財政支出するには収入が必要です。つまり、公共投資は、市民にとって増税を意味します。公共投資が始まると、近い将来に増税が待ち構えていると人々は「合理的に期待」するので、市民は納税に備えて貯蓄に励みます。貯蓄するので、有効需要は減り、公共投資が有効需要を増加させた分は、相殺されてしまいます。それゆえ、「大きな政府」が公共投資を行っても、景気は刺激されず、ケインズが説くように失業者が救済されることもない、というのです。

これは、論理としては間違っていません。しかし、現実にそれが起こる可能性は、億に一つもないでしょう。「風が吹くと桶屋が儲かる」論理と同じです。それは、完全な情報も完璧に合理的な経済人も存在しないという客観的現実にてらしてみれば、経済・社会の実際を反映しない非現実的な論理です。このような牽強付会な経済理論によって、ネオリベラリズムは「小さな政府」を正当化しているのです。それは、驚きですらあります。ネオリベラリズムにはよほど、実際に有効な論拠が乏しいのでしょうか。

苦痛としての労働

「小さな政府」をつくり、弱者や失業者への保護を最低限にした上で、市場原理主義は、富者をますます富ませ、貧者をますます欠乏させます。このような政策を正当化する上で威力を発揮するのが、「労働は苦痛である」という新古典派経済学の前提です。

労働は苦痛（不効用）という前提ですから、貨幣賃金という代償がないと人々は働かないことになっています。あるいは、働いて賃金をもらっていても、それが苦痛を下回る額だと労働者が考えれば、働くことをやめるとされています。人々は常に、すきあらば怠ける機会を狙っている、性根の悪い存在と考えられているのです。

しかし、これは現実の人々の行動を反映したものでしょうか。

実際には、賃金は労働者が自分自身と家族を養うための資金です。それゆえ、労働者がまず考えるのは、賃金が養う生活資材を買うのに必要な費用（労働力再生産費）に足りるかどうかでしょう。自分の苦痛との代替関係で、毎日どれだけ働くかを決めているわけでは必ずしもありません。労働者はだれも、自分の腕に誇りを持ち、自分の労働それ自体が喜びでありたいと願っているはずです。貧困なベトナムに出かけていって献身的に働く高所得国出身の医師は、治療費を払えない貧しい患者にも積極的に眼科手術を行い、失明を防ぐことができると、「患者さんがハッピーになったら、僕もハッピーやからな[5]」と、現地の人々と喜びを分かち合います。

仮に、労働者がそう考えないとすれば、それは、コンベアを使う大量生産を可能としたテイラー主義のもとで「構造」と「実行」とが完全に分離されて、労働から主体性が完全に奪われているからにほかなりません。資本主義における労働者の疎外を、市場原理主義者は、人間の本性ととり違えているのです。

会社の経営者は、一般の労働者より高い報酬を受け取ります。これは、企業の利潤の分け前を受け取っているものであり、低賃金の一般労働者よりも苛酷な苦痛の代償ではありません。むしろ、多くの企業経営者にとって、どんどんカネがもうかる毎日の経営活動は、苦痛どころか、自らの主体的意思で行う喜びでしょう。

労働を苦痛とする新古典派の前提から、「効率と公平のトレードオフ」というネオリベラリズムの主張が現れます。所得分配の公平性を維持するために、低所得者の福利厚生資金などを高所得者の所得に対する税金や社会保険料として徴収しようとすると、ネオリベラリストたちは反対します。その理由は、所得を奪われれば高所得者の勤労意欲が萎えて、効率性が損なわれ、経済成長が鈍るからだ、というのです。それゆえ、社会は高所得者から低所得者への所得移転は行うべきではなく、富者の富はそのまま触れずにおくべきだ、と主張されます。

これに対し、日本の経済格差の問題を長年研究してきた橘木俊詔氏は、「高い税率や社会保険料が、日本人の勤労意欲や貯蓄行動を阻害したことを証明する研究例はほとんどない、といっても過言ではない。このような阻害効果を、キャンペーンやプロパガンダとして主張する例は多いが、科学的根拠に欠けている」[6]と言い切っています。ネオリベラリズムを支える一見厳密そうな経済理論の前提は、富者はその富をすべて自分のものにし、貧者は貧者のままに放置しておくための政治的「プロパガンダ」にすぎなかったというわけです。

パレート最適

富者から貧者への所得の分配による平等化を市場原理主義が拒絶する論拠はもう一つあります。パレートというイタリアの社会学者の名をとった**パレート最適** Pareto optimum です。

他の人の効用をより損なポジションに追いやらない限り、誰も自分が手にしている効用をより多くできない均衡状態が「パレート最適」です。原子的経済人から成る主体の完全競争によって生じた均衡は、この状態になることが知られています。これが「厚生経済学の基本定理」です。

重要なのは、この定理が、社会が達成すべき規範としての位置づけを持っていることです。この「パレート最適」の概念を導入することで、新古典派経済学は、イギリスの古典派経済学が伝統的に持っていた道徳・倫理という点にかかわって、二つの重要な転換をしました。

まず、経済学において伝統的に重要な課題だった社会弱者や貧困者への共感という倫理を、「パレート最適」の実現という狭い抽象的な課題に換骨奪胎してしまいました。スラム街の寒風の中に現実に横たわっている貧困な弱者はどうでもよいのであって、数式の上で「パレート最適」が満たされるとの解が出れば、その弱者も救われるだろうと、神に祈るように期待するのです。

さらに、「パレート最適」は完全競争の均衡によって自動的に実現するのですから、完全競争を保障さえしていれば、倫理を経済学が考えることはもはや不要だということになります。換言すれば、原子的経済人による完全競争を追求することが、たんなる理論上の結論ではなく、社会にとって一つの規範となったのです。

この「パレート最適」の理論武装をもとに、新古典派経済学は、その議論から倫理を事実上追放しつつ、しかも同時に、その原子的経済人や完全競争という前提をプロクルステスの寝台のように規範化する、という二つの要請を一挙に実現するマジックに成功しました。パレート最適を満たすような「規制緩和」や「構造改革」さえ行われれば、経済学は、それ以上社会的弱者や貧困者への心情的・道徳的な共感といった価値判断をする必要がない、経済学はそのような「価値自由」な厳密科学だとする主張が、より堂々とまかり通るようになったのです。

ここから、一国経済もグローバルな経済も、規制を緩和し、自由競争をもっと高めればよい、それで失敗した者への道徳的共感は無用、という現実のネオリベラリズムには、ほんの少しの距離しかありません。

インド出身のノーベル賞経済学者、アマルティア・センは、わずかの生活の糧しか手にできずに喘ぐ極貧者と贅沢三昧に浸る富者が共に暮らす社会を前提して、「パレート最適」の問題点を指摘しました。[7] 金持ちが贅沢に費消している生活資材を少し我慢すれば、その分で極貧者がその生活を向上できるとします。ところが新古典派経済学によれば、これは、富者をより損なポジションに置く所得再配分であり、パレート最適を外すことになるので、このような再分配を行ってはならないというのです。つまり、「パレート最適」は、貧者を救うという道徳的目的のために富者の所得を減らすことは許されないと唱えて、富者がもつ経済的地位とそれがもたらす権力を弁護するという、独特の価値判断をもはらむ概念だということがわかります。

富者の利益を、一見したところ中立的で厳密そうな理論の外観をもって語り、しかもその「厳密な理論」の前提を規範にまで高めてしまう、新古典派経済学の巧みなイデオロギー。これを、「パレート最適」の概念は大変よく示しているといえるでしょう。

新古典派経済学には、これ以外にも、一見厳密そうに見えるものの実は人工的な前提にもとづく「理論」がいろいろあります。これが、今日のグローバリズムを弁護する市場主義原理の根幹をなしているのです。それは奇妙なまでに非現実的ですが、グローバルにひろがるネオリベラリズムを正統化するイデオロギーとしては立派な役に立っています。「反証可能性」の論理によれば、理論は、真理かどうかが重要なのではなく、有意な確率で役にたちさえすれば十分なのですから、これでかまわないということなのでしょうか。

（1）塩沢由典『複雑系経済学入門』生産性出版、一九九七年、九三－九五ページ。
（2）ピエロ・スラッファ「競争的条件の下における収益法則」菱山泉・山下博訳（『経済学における古典と現代』有斐閣、一九五六年、所収）参照。
（3）塩沢、前掲書、七八－七九ページ。
（4）佐々木実「竹中平蔵　仮面の野望」『現代』二〇〇五年一二月号、四五－四六ページ。
（5）山田友樹「服部匡志眼科医」『Agora』二〇〇五年一一月号、二三ページ。
（6）橘木俊詔『日本の経済格差』岩波書店、一九九八年、一八四ページ。
（7）セン『経済学の再生：道徳哲学への回帰』徳永澄憲ほか訳、麗澤大学出版会、二〇〇二年、六〇ページ。

3　謙虚な前提が、自明の日常意識へ、そして傲慢な恫喝へと変化

市場原理主義

以上のような非現実的な前提の上にうちたてられた新古典派経済学がネオリベラリズムのグローバル化を推進するイデオロギーとして機能しているありさまを見抜くことは、今日のグローバリズムがなんであるかを正しく理解する重要なカギとなります。

前節の末で「パレート最適」について述べたところから明らかのように、新古典派経済学が、ネオリベラリズムの経済政策を正統化する経済理論となる過程で、経済学理論をエレガントに構築するた

め経済学者の脳内で考え出されただけだったはずの前提は、世界中の生身の人間が従うべき、権力を伴った絶対的規範に姿を変えていきました[1]。

新古典派経済学は、一見「厳密」で「客観的」そうな数式やグラフのベールで、堅固な城砦のように装われています。その理論の表現は無謬の印象を与え、これに反論を試みることすら畏れ多く思われます。その数理的な論理構成はきわめて堅固で、エレガントな美すらたたえていますから、新古典派経済学者は、この理論どおりに現実の経済が動いたなら、きっと社会も同じような美しさで光り輝くようになるにちがいないと夢想しているのでしょう。

新古典派経済学者がいだくこうした自己の理論への思い入れと、前節で検討した理論のイデオロギー的性格を巧みに利用しようとする人々の意向とがマッチして、ミクロ経済学やマクロ経済学の教科書は、イスラム原理主義にとってのコーラン、あるいは、かつて中国の紅衛兵が振りかざした『毛主席語録』のような権威をおびるようになってきました。これを、**市場原理主義** market fundamentalism といいます。一九八〇年代初め、合理的期待形成論を信奉ずる経済学研究者が集う米国ミネソタ大学経済学部を訪れた宇沢弘文氏は、次のように語っています。

かれらは、合理的期待仮説をREと呼んで、相互に、この仮説の信者であるということを確認し合っていた。ルーカスの二つの論文、「貨幣の中立性について」と「景気循環をどう理解するか」がかれらにとって最も大切な論文であった。今でも記憶に鮮明に残っているのは、一人の女性の研究者が、ルーカスの後者の論文を、全部暗記していて、議論をするごとに、その論文の何ページに、こういう文章があるといって、眼をつぶって、あたかもコーランを暗誦するかのような調子で唱えだす光景は異様であった[2]。

非人格的な貨幣と、それについての一般化である新古典派経済学の前提をグローバルな現実に押し付け、それに合わないものは次々と切り捨て、また足りないものを勝手に埋め合わせる、市場原理主義の**プロクルステスの寝台** Procrustes's bed が、いまや、グローバルに作用しています。日本でも、最近は、新古典派経済学の「原子的経済人」の前提を現実にもたらそうとして、学校で総合学習の時間などを使って「起業家プログラム」なるものが強調されるようになりました。これは例えば、小学生に地元のお祭りで物を売らせ、うまく儲けるテクニックを修得させるというものです。

とはいえ、道徳と倫理を消し去った経済学のイデオロギーが支配する社会では、人々の頭に、他人をごまかしてでもうまく儲けるテクニックはあっても、「負け組」となった者への共感は、生まれません。人々が路頭に迷い、適切な医療も受けられず、死の危険にさらされても、助けの手は遅れて渋々にしか出てきません。二〇〇五年秋に米南部を襲った強力なハリケーンは、ネオリベラリズムがもたらすこの冷厳な事実を、世界中にさらしました。

大英帝国の植民地主義に、未開と野蛮の地に文明をもたらす「白人の責務」という「素晴らしく道徳的な」規範的教義があったことはすでに述べました。新古典派経済学が前提する人間類型こそが、もっとも合理的で至高だ、全ての国の人々はこれに従え、という専制君主さながらの恫喝は、さながらこの「白人の責務」の現代版といえるでしょう。違うのは、以前は宗教の衣をまとった「道徳」でしたが、市場原理主義ではそれが「科学」に見える衣をまとっていることです。

この新しい「白人の責務」について、ＩＭＦの仕事に携わったことのあるノーベル賞経済学者スティグリッツは、次のように語っています。

……その政策にしたがわされる国民にどんな影響がおよぶかは、まるで考慮されていなかった。その政策が貧困にどんな寄与をするかという予測はほとんど見たことがなく、別の政策をとったらどうなるのかが真剣に検討されるのを見たこともほとんどない。あるのは唯一の処方のみ。代替案は考えもされない。オープンでフランクな討議が行われる余地は最初からない。イデオロギーが政策を決め、各国はＩＭＦのガイドラインに無条件でしたがうものと思われている。(3)

腐敗した強権政治に比べ「よりまし」な市場原理主義？

にもかかわらず、市場原理主義は人々に支持され、ネオリベラリズムの制度は、世界に広がりました。なぜでしょうか。理由は、大きく二つあります。

第一は、市場という非人格的な貨幣を媒介に資源を配分するネオリベラリズムが、人脈に依拠した政治システムに比べて、公正で平等な制度だと考えられたからです。

世界には、政治システムが民主主義的に運営されておらず、腐敗した官僚や政治家がになう強権的な独裁の下におかれ、市民がその政府を批判すれば生命ないし社会的地位が危険にさらされる国が沢山あります。ビルマのスーチー女史や中国の天安門事件は、アジアにおけるその典型的な例です。

このような強権体制をもつ多くの国で、公職にある者は汚職に手を染めています。政府は、無駄な公共支出を増やし、財政を肥大化させ、それによって、市民の血税を吸い取って、一部の官僚や政治家の集団に資源を優先的に配分します。社会正義や全市民に透明な公正さとは無縁の、人脈に基づく政治過程や汚職が国や地方の政府を支配します。法治ではなく「人治」と呼ばれるこの裁量的システムにおいて、ネポティズム（身内びいき）で人々は癒着し、一般の市民は入り込めません。政府を批判する者は追放され、言論の自由を奪われていて、こうした政治腐敗が暴露・告発されることはほとんどありません。

これは、なにも途上国だけの話ではなく、私たちの日本も同じです。

ビジネス雑誌『フォーブス』のアジア太平洋支局長であるフルフォードは、日本の政治が、「政治家・官僚・業者・ヤクザ」という四つの主体の相互癒着によって成り立ち、この人々が、日本国民の支払った血税を私腹に溜め込む「泥棒国家」に変質してしまったと厳しく告発しています(4)。

フルフォードは、日本の銀行に足かせをはめている「不良債権」の多くが、実はヤクザがかかわった投資であり、政府はこれに対し法的な手段を取れないまま、「不良債権処理」の美名の下に、次々とヤクザがかかわる破綻した投資案件に公的資金を流し込んで救済を図っていると指摘します。そして、このような腐敗のシステムを正統化するため、小泉政権は「構造改革」を唱えて人々の支持をつなぎとめようとしているのだ、というのです。フルフォードは、穴の開いたバケツの下で待ち構えるヤクザに資金を流すことはやめ、不良債権漬けの企業や銀行を市場原理に従って市場から退場させて、公的資金をこれ以上無駄にすることをやめよ、と提言します。

日本に詳しいこうした外国人の市場原理主義者が加える、自民党政権に対する批判には、日本のどのジャーナリズムにもない厳しさがあります。それはロシアや途上国に対して市場原理主義者が向けている批判の目と同じものです。

市場原理主義の社会になれば、貨幣と市場がすべてであり、市場の「見えざる手」が分権的に資源の配分を決定するはずです。それゆえ、官僚や政治家が権力をふるう余地はありません。したがって、汚職や腐敗をなくし、政府の失敗を正すには、「見えざる手」に経済をゆだね、政府の介入を極小化するしかない、と使命感をもつ市場原理主義者は主張するのです。

政治家や官僚が、市民の血税ですでに十分太った私腹をさらに肥やす行為は、たしかに、一般の市民にとってもごめんです。この限りで、ネオリベラリズムの主張と、腐敗した政府をなくしたい市民の要求とは、接点を持ちます。二〇〇五年末には国債・国の借入金などの合計が七九九・二兆円、国民一人当たり六二六万円に達した日本[5]ではましてのこと、この接点が強まります。

分権的主体がになう「紙幣という投票用紙による民主主義」や、情報の完全性という新古典派の前提が求める情報公開が、このような政府という腐臭に満ちた掃き溜めのなかで、輝いて見えます。

日本の市民が払った血税に吸着し、足りないと国債を乱発。それによりいずれ国債暴落とハイパーインフレが襲い日本経済が破滅。そのとき「わが亡き後に洪水よきたれ」を決め込もうとする「鉄の四角形」にすぐにも退場してもらい、効率的予算にして財政赤字を減らしてほしい日本人は多いでしょう。こうして人々は、「構造改革」の夢に惹きつけられ、市場原理主義の思想とネオリベラリズムの制度は、正統性をもって人々の日常意識に根を下ろしてゆくのです。

「機会の平等」を全員にもたらす市場原理主義？

市場原理主義が一般市民をひきつける第二の理由は、新古典派経済学が意図的に権力関係を捨象し、すべての人を「平等な機会をもつ」分権的な経済主体と位置づけているところにあります。

宝くじで一等に当たり高額の賞金をもらえる確率はきわめて低いのですが、それでも一等に当たる可能性は、宝くじを買ったすべての人々に平等に開かれています。このため、人々は自分が当たるかもしれないと夢見て宝くじを買い続けます。もし、一等に当たる可能性が特権的な人々だけのものであり、一般市民は決して当たらないなら、誰もそのような宝くじを買わないでしょう。

現実の市場経済において、多くの市民は、このような市場競争という宝くじを実際に買える社会的地位にはいません。ボーナスで株式投資し、週末にネットで売買する程度のことはできるかもしれませんが、多くの人々の基本は、あくまで、会社という権力関係の下に雇われたサラリーマンです。

しかし、市場原理主義者は、現実の権力関係を覆い隠しながら、もしかしたらあなたも勝ち組に入れるかもしれませんよ、という妖しい「アメ」の幻影を人々の目の前にちらつかせ、甘く誘いかけます。一般の市民がネオリベラリズムに惹かれる背景には、こうした宝くじを買う人々と同じ心理があります。

実際のところ、会社に雇われているサラリーマンにとって、この誘いは蜃気楼でしかありません。しかし多くの人は、このような市場競争にいつか主体として参加できる幻想をいだき、それを実際に行っていたホリエモンのような人々をヒーローとして崇《あが》めて、カタルシスを感じます。

仮に、そのアメに本当に引き寄せられて、学校の「起業家プログラム」で習ったことを思い出し、起業や転職などのかたちで競争にチャレンジしても、敗北する可能性のほうが高いでしょう。気の毒に敗北しても、「自己責任」を強調するネオリベラリズムの体制は、もちろん何もしてくれません。

日常意識に埋め込まれてゆく市場原理主義

ネオリベラリズムは、ほんらい激しい経済的・社会的格差を生み、より多くの人を「負け組」に追いやる経済・社会システムです。にもかかわらず、この二つの理由によって、市場原理主義は、ますます多くの人々の意識の中に埋め込まれてゆきました。新古典派が唱えるように、自己利益を極大化する自立した市場主体として行動するのは、あたかも、太陽が東から昇って西に沈むことと同じように当然だと人々は考え、市場関係の中で行動し、市場とは別種の社会関係において行動するのを時代遅れとみなすことが、「正常な」人間の行為だと思う人が増えてきました。そして、倫理の欠如のなかで、これはさらに、市場において自己利益の極大化を図るためならばどのような社会行為も許されるという考えに発展してゆきました。マンション耐震偽装事件は、この一つの帰結にすぎません。

いま、日本人の日常意識は、こういう方向へ急速にシフトしつつあります。寡占的な多国籍企業や国家が編成し統制しているグローバルな空間が原子のように小さい個人同士の平等な競争によって作られ、いずれ世界が平等に収斂して「ガイアの夜明け」が訪れると信じ込む市民が、増えています。

市場原理主義のイデオロギーは、市民に支えられた草の根ネオリベラリズムとなり、人々は、市場原理主義が「TINA（There is no alternative)」、つまり代替案のない絶対的なものであるとみなす認識を共有するようになりました。

（1）高橋基樹「個人と全体の二項対立をどう超えるか――アフリカ経済論再構築の一助として」http://www.ide.go.jp/Japanese/Publish/Report/2001_02_05.html　アジア経済研究所、二〇〇一年参照。
（2）宇沢弘文『経済学の考え方』岩波書店、一九八九年、二五七ページ。
（3）スティグリッツ『世界を不幸にしたグローバリズムの正体』鈴木主税訳、徳間書店、二〇〇二年、一三ページ。
（4）ベンジャミン・フルフォード『泥棒国家の完成』光文社、二〇〇四年。
（5）『日本経済新聞』二〇〇五年一二月二三日。

4　市場原理主義を強調するほど、その反対の要素が出てくるパラドクス

新古典派経済学は現実からかけ離れた前提の上になりたっていますから、ネオリベラリズムの政策が実際の経済を動かすのに、実は非人格的な市場だけではやっていくことができません。市場原理主義で現実を無理やり純化しようとするほど、貨幣がもつ非人格性と対極にある人格的な要素をますます裏口からとりこまなくてはならなくなり、法的ないし人格的な関係がネオリベラリズムの経済社会に広がってしまいます。

この、市場原理主義のパラドクスとでもいうべきものについて、いくつか例をあげて本節で検討してみましょう。

原理的な市場を維持管理するために非市場的な政府が必要

市場という社会組織は、雑草のように出てくる自生性を一面でもっていますが、他面、それが新古典派経済学の前提どおり機能するためには、政府によって市場制度が管理されなくてはなりません。

原理的な市場を構成するのは、自己利益の極大化と、苦痛（不効用）の極小化を至上命令とする経済人です。そして、この経済人に対して市場原理主義が用意している唯一の**制裁** sanction は、市場において倒産などのかたちで経済的に行き詰まらせ、市場からの退場を余儀なくすることです。

自己利益の極大化を図るにも、また不効用の極小化を図るにも、無数のやりかたがあります。普遍的な倫理規範に合致した行為も、そうでない行為もあります。

倫理規範に合致しない自己利益の極大化行為は、もちろん社会的に行われるべきではありません。では、市場原理主義のなかのどこに、倫理規範に合致しない行為を経済人に採用させないようにするメカニズムがあるのでしょうか。どこにもありません。市場原理主義は、すべての社会関係を貨幣関係として律しなければならない以上、経営が立ち行かなくなって破産し、市場から退場を迫られるという市場的手段による制裁しか持ち合わせていないのです。市場経済にとって外生的な規範である倫理の観点から行為の是非を市場自身が判断することは、不可能です。

市場が前提する人間類型は、性悪的なものです。プロクルステスの寝台によってこの人間類型の鋳型にはめ込まれた経済人は、人の目を盗んでできる限りズルをし、あるいは怠けようと試みます。それゆえ、市場原理主義に基づく社会においては、あらゆる種類の詐欺瞞着手段を用いた自己利益極大化と不効用極小化、すなわち「モラルハザード」が起こり得ます。バレない限り、他の経済主体を騙してでも金を儲けた者が勝ちです。ホリエモンの逮捕は、この事実を私たちの目の前にさらしました。

これを阻止しようとすれば、市場の外に、ますます多くの倫理のジャッジを用意しなくてはなりません。これは、教会などの宗教機関がになうこともありますが、強制力をもつのは、立法府・警察・検察庁・裁判所・刑務所などの国家装置だけです。つまり、市場原理主義を貫徹しようとすればするほど、人格的性をもつ政治制度はより肥大化し、しかもそれはより管理的なものとなってゆかざるを得ないのです。

仮に、経済主体が「モラル」の範囲内で行為していたとしても、それで問題が解決するわけではありません。市場構造が、原子的経済人が構成する完全競争から、寡占企業の支配する独占へと展開してゆくことは必然です。

なぜなら、すでに第二節でみたように、企業経営の規模が大きくなるほど、流れ作業などの効率的な生産技術を用いることが可能となり、商品一個をより低い費用で生産できるようになるからです。これが収穫逓増であり、「規模の経済」とも呼ばれます。つまり、新古典派経済学は、原子的経済人という自らの前提を否定する契機が自らのシステムの中に存在することを、認めているのです。

この問題を解決し、経済主体を永遠に原子的に微小な状態に維持する自己調整システムは、市場そのものの中にありません。完全競争の維持には、独占や寡占を規制する、非市場的な政治・法制度が必要です。日本では、独占禁止法や公正取引委員会がこれに相当します。

しかし皮肉なことに、「小さな政府」を唱える市場原理主義者は、ともすればこれらの制度をつうじた政府の介入に消極的ないし否定的です。こうして市場原理主義は、寡占企業が中心のモラルハザードが横行する醜悪な社会を生み出し続けるのです。

情報の完全性の破綻を、人格的関係と共同主観が代替する

すでに第二節で検討した「情報の完全性」という新古典派経済学の前提も、非市場的要素を必然的に生みだします。

経済主体にとって、情報は競争の重要な手段ですから、重要情報は隠匿され独占されがちです。欧米のコンサルタント会社は、儲けにつながる情報を独占し、その提供と引き換えに何億円というコンサルタント料を受け取ることも、稀ではありません。日本で、三八％もの阪神電鉄株を買い占め阪神タイガース球団の上場要求を行って話題をまいた「村上ファンド」は、全体としての情報開示をほとんど行っておらず、同ファンドの八五％を占める海外資金がどのように運用されているか、外部からその全体像をうかがい知ることはできません。[1] 多国籍の投資会社は、人脈をたどってこのような独占された情報を集め、意思決定の戦略を練ります。一般に公開され「完全性」に寄与している情報は、競争にあまり役立たないことを、何より市場の担い手自体が知っているのです。

仮にすべて情報が開示されても、それに基づきすべての戦略可能性について判断の基礎とすることは、すでに第二節で学んだ通り、その膨大な業務量だけからしても、困難です。

これらのことから、ある経済主体がもつ情報の集合も、意思決定の帰結も、常に歪んだ不完全なものとならざるを得ません。

情報の不完全性を補って市場において取引相手を判断するさい重要となるのは、完全な情報に基づ

く厳密に合理的な判断よりむしろ、付き合いが長く信頼しているといった、商取引における非市場的で人格的な社会関係です。

ここから、長年の友人には特別な便宜を図ってやろうとする、市場原理主義者が指弾する癒着関係へは、短いほんの一歩にすぎません。だからこそ、市場原理主義者がどんなに口を酸っぱくしても、経済社会には、談合や情実取引などの、非市場的な人格的関係が跋扈するのです。ここで市場原理主義者がすっかり忘れているのは、現実の市場そのものが、相当程度に人格的な信頼関係がないかぎり成り立たないシステムだということです。

こうして、合理性は共同主観に代替されます。情報の不完全性と処理能力の限界のため、判断を迫られれば、他の人がどういう行動をとっているかが重要な基準となります。

銀行は、受け入れた預金を貸し出したり投資したりして利潤を得ます。銀行の金庫に預金が常に全部しまってあるわけではありません。それゆえ、今すべての預金者がある銀行に押し寄せて預金をおろそうとしても、それに応じられる資金は無いのです。つまり、銀行業というのは、預金者が銀行を信頼していて、全員が預金をおろしに直ちに来ることはないという前提の上に成り立つビジネスです。

ほとんどの預金者は、各銀行の財務諸表を詳細に比較検討して預金先を決めるわけではありません。なんとなく名が通っていて信頼できそうな銀行に預金します。それゆえ、風説が流布されれば、その銀行への信頼はゆらぎ、多くの人が自分の口座がある銀行に預金引き出しに走るようになるかもしれません。「取り付け騒ぎ」が起こって資金が底をつき、本当にその銀行は倒産してしまうかもしれません。

投機的色彩が強い市場では、時間をかけて、冷静で合理的な判断をしていれば、一攫千金のチャンスが失われてしまうでしょう。経済学者ケインズは、美人投票の懸賞金で儲けようと思えば、自分自身が美人と思った女性に投票するのではなく、他の人が誰を美人と思うか考えて投票するのが良い、と述べました。このケインズの「美人投票理論」は、株式投資の場でもよくたとえに使われます。共同主観のバンドワゴンに乗って、人々は株や不動産に投資しているのです。

市場原理主義が、こうした共同主観に左右される賭博場のような経済と社会をグローバルにもたらすことによって、世界の経済は、市場原理主義者が唱える合理的資源配分から大きくかけ離れたものとなってしまいました。必ずしも利潤を生むわけではない社会資本整備や、市民の基本的な社会生活を維持するための医療・教育などへの着実な投資需要があっても、それは投機対象となりにくいので資金が回ってきません。ネオリベラリズムは、実はこうした経済人の人格性を裏口からひきいれて、市民の生命と生活をないがしろにした資源配分を容認しているといってよいでしょう。

空間が無い財を市場で無理に流通させる

市場原理主義は、あらゆるものを非人格的市場で取引することが正しいと唱え、すべてのものを商品にしようとします。米国の家庭では、子供に家事の手伝いをさせるときでさえ「夕食の皿を洗ったらおこづかい一ドル」というように経済的インセンティブで子供を釣ろうとします。

しかし、いくら工夫しても、市場における取引になじまない財やサービスがあるのです。

市場の取引は、自動車一台、ハンバーガー一個というように、それぞれの財が空間的に独立して分離可能であること、あるいはサービスが時間的に独立していて分離可能であること（可分性）を前提しています。昔は、音楽や小説といった文化的な生産物も、レコード一枚、図書一冊というように空間的に分離することができました。音楽の演奏や演劇の上演は、一回のパフォーマンスとして時間的に独立しており、ホールに入れる限られた人しか鑑賞できませんでした。

ところが、インターネットのブロードバンドが普及し、クリックひとつでグローバルに音楽・文学・ないしはコンピュータプログラムのデータを容易に交換し、劣化なしに複製できる技術が確立すると、市場組織という財の交換システムの限界が、予想もしないところから露《あらわ》になってきたのです。インターネットは誰もが自由に入れるバーチャルな公衆空間であり、そこに物理的・制度的な境界を設ける**有界化** bounding はできません。インターネット上の財やサービスを、空間的・時間的に分離することもできません。このため、インターネット上の情報から経済的対価をとることは、不可能ではないにしても相当に面倒です。インターネットの掲示板に情報を書き込んだ人は原稿料を得られません。

ですが、そもそも、インターネットに情報を提供する人たちは、はじめから対価など期待していないでしょう。期待するのは、他人に自分の情報を利用してもらったことで生ずる喜びです。そこには、第五章でくわしく述べるように、市場原理主義の対極にある、一つの利他的共同体がすでにできあがっているのです。

インターネットの空間では、財の生産と分配を行うための市場という制度そのものが、むしろ邪魔者です。このような無理な統制と管理に従わせなくとも、現実に、情報の生産・流通と分配が行えるからです。

者です。

ところが、このようなインターネットの世界にあえて市場を持ち込もうとするのが、市場原理主義者です。

近年、インターネットにおける音楽ソフトの流通を、知的所有権の侵害だと叫ぶ声が強まってきました。日本では、流通に使うソフト「ウイニー」を開発した技術者が逮捕されました。米国では、音楽ソフトの著作権を保有する会社が、音楽ソフトをネットから無償でダウンロードしたとされる一般市民を相手取って、見せしめ的な巨額の損害賠償訴訟を起こすケースが発生しています。

ここでも、市場原理主義者は、市場を維持するため、厳しい法的統制、つまり非市場的な政府に救いを求めて叫びだすのです。

以上のように、市場原理主義を現実の経済社会にあてはめようとすればするほど、市場は、さまざまの非市場的な社会要因によって補完されなくてはならなくなります。その帰結は、ケインズ主義とは別の種類の集権的な「大きな政府」です。市場原理主義をドグマのように推し進め、非市場的要因の必要性を強硬に否定すれば、経済・社会は動かなくなります。

このパラドクスは、市場原理主義が、一方で理論としては厳格のように見えながら、現実には、相当にご都合主義的なシステムであることを如実に物語っています。そしてこの「ご都合主義」の中に、勝ち組になろうとする人々は、あらゆる富の源泉を見出そうと立ち回るのです。

（1）『日本経済新聞』二〇〇五年一〇月八日。

第四章　今日の世界の現実にみる、グローバリズムの三類型

結局、ネオリベラリズムを経済政策の原理にすえた世界各地で、「グローバルな収斂」による至福は起こりませんでした。

世界中が市場主義の原理を旗印にして競争に励み、新国際分業のもとでグローバルに展開した多国籍企業によって、世界経済の空間はますます不均等に編成替えされてゆきました。

そしてその結果、世界は過剰蓄積と、デフレに陥りました。企業のもとでこれ以上物の生産に充てることができなくなった資金は、投機的な利益を求めて、短期の金融市場に流れ込み、世界を瞬時に動き回るようになりました。それぞれの経済主体は、自己利益の追求だけに邁進し、世界中がラスベガスのようになって、経済・社会はますます不安定となってきました。

市場原理主義者がいうグローバル化を信じて、いろいろな自由化・規制緩和政策を導入した世界の各国では、経済がますます、米国や西欧に拠点をおくヘッジファンドやハゲタカファンドをはじめとする多国籍金融資本に食いちぎられています。

いつの日か、新古典派が唱える平等な経済・社会が訪れることを期待し、そのために現在の「痛み」の甘受をいとわなかった人々は、自分たちが耐えてきた「痛み」が、グローバルに支配的な勢力

や不正をもてあそぶ投機家にむなしく奪われ、吸い取られて終わってしまっていたことに気づきはじめました。もともと虚構の前提の上に築かれていた市場原理主義とネオリベラリズムは、その実践の上でも、実態が暴露され始めたのです。

こうして、草の根の側から、世界中の至るところで、あらゆる形態をとった、社会運動がまき起こり始めました。これは、つい一五年前まで世界を二分した、資本主義と社会主義との間の冷戦体制下にあったものとは全く違った種類の運動です。グローバルな政治の対立軸は、この一五年の間に、根本的に転回したのです。

このことを念頭におきつつ、本章では、第一章で学んだグローバリズムの三つの類型それぞれが、グローバルに、そしてローカルに、どのような状況を作り出してきたのか、具体的にみることにしましょう。

1 市場原理主義とネオリベラリズムを経済に導入した国々の、惨めな失敗

まず、グローバリズムの第一類型の層である市場原理主義をめぐる具体的事例を、三つの国について見ましょう。

「規制緩和」や「民営化」といったキャッチワードと共に世界の多くの国々の政府が導入したネオリベラリズムは、これらの国々に経済の繁栄と人々の幸せをもたらすことに成功したのでしょうか。

ポーランドの市場化ショック療法がもたらした市場の混乱

戦後四〇年あまりのあいだ社会主義国であったポーランドでは、ソ連崩壊直後から、市場原理主義の立場にあるエコノミストが、ＩＭＦの流儀に従って経済制度全体をわずか半年の間に市場経済に転換しようとする**ショック療法** shock therapy を導入しました。

その政策の主な内容は、私的所有権の確立・国営計画経済の解体と民営企業主体の市場経済導入・政府の厳格な財政規律・貨幣供給の厳格な管理とポーランド通貨ズロチの兌換可能化・貿易障壁撤廃など、ネオリベラリズムにお決まりのものでした。労使関係においても、社会主義時代の労働者協会を廃止し、その運営を企業の取締役会の下におくことが推進されました。この全体のプロセスは、民主主義的な合議ではなく、新古典派経済学で理論武装したテクノクラートのトップダウンによる意思決定に委ねられました。

しかし、この「ショック療法」で根本的に忘れ去られていたのは、ついこの間まで経済を担ってきたのが原子的な個人ではなく国営企業であり、そこで働くのは、市場原理主義が唱える合理的経済人ではなく社会主義の日常意識にどっぷり漬かった労働者だということでした。「ショック療法」はこのことを無視し、ポーランドの市民一人ひとりを「プロクルステスの寝台」に載せて、新古典派経済学の前提にする人間類型を押し付けようと試みたのです。

こうした状況の下でポーランドに訪れたのは、市場経済の急速な勃興どころか、経済の全般的な崩壊でした。

社会主義時代には、基礎的生活物資の価格は市場メカニズムとはかかわりなしに低く統制され、国民の生活が維持されていました。もっとも、財の供給は需要に見合うほど十分でありませんでしたから、商店で日常的に行列が生じていました。「ショック療法」は、この統制を解除し、価格決定に市場を用いることとしたのです。

その結果、生活物資の価格が急騰しました。社会主義時代の行列はたしかにうっとうしいものでしたが、それは、市場の価格メカニズムを使わないで需給を調整する社会装置だったのです。行列が消えた代わりに、「ショック療法」最初の一ヶ月で八〇％、一九九〇年で年率五八五％というハイパーインフレーションが、市民を襲いました。

貿易の自由化も同時に行われたので、西欧など外国からより品質の高い生活物資が流れ込み、特権階層や市場化の中でうまく立ち回り富裕になった人々は、品質の悪い社会主義の工場が作った製品でなく、輸入品を購入しはじめました。このため、社会主義時代の工場の生産高は、およそ四分の三に落ち込みました。

これまで、中央計画経済当局の指示に従って融資していればよかった銀行は、いきなり自己責任で融資することを求められました。しかし、融資先のリスクを完全な情報に基づいて合理的に判断できる「経済人」など、従来の国営銀行にいるはずもありません。銀行は、焦げ付きを恐れて、融資それ自体を行わない姿勢をとりました。このため、社会主義企業に代わる民営の会社を起業しようにも、融資を受けることは困難となり、民営部門の成長は妨げられました。

旧社会主義部門の収縮と民営部門の停滞は、深刻な失業問題をもたらしました。これは、特に若年層の新規就業を妨げるという形で、失業問題を激化させました。また、リストラされずに済んだ旧社会主義部門でも、インフレによって、一九八九年から一九九〇年の一年間で実質賃金が半分近くにまで低下し、人々の購買力が下がりました。このため消費が冷え込んで不況はいっそう深刻化し、これがさらに失業を生むという、悪循環のスパイラルに突入してしまったのです。

市場原理主義が処方した大量の薬を無理やり一度に飲まされたポーランド経済は、こうして破滅的な状況に陥りました[1]。

生存権の否定――ニュージーランドの市場主義的医療制度改革

ネオリベラリズムによる規制緩和と民営化の政策は、電力・医療・教育のような、市民生活の基本がかかわる部門にもっとも大きな打撃を与えます。こうした部門はもともと固定資本の比率が高く、長期的視野をもった着実な投資とその維持なしには適切な財・サービスの提供ができません。電力にとっての発電所や送電線網、医療にとっての新鋭手術・検査設備などは、その例です。

そこに、比較的短期の利潤追求を一義にするネオリベラリズムの経営方針があえて導入されれば、何が起こるでしょうか。ニュージーランドにおける医療の事例をみましょう。

英国が一九世紀にマオリの土地に侵攻し、英国の中・下層市民が入植してできたニュージーランドは、歴史的に英国との結びつきが強く、かつては、英国と同じ「ゆりかごから墓場まで」といわれる手厚い社会保障政策が誇りでした。

しかし、英国でサッチャリズムの政策が推進されると、早速その流れを受けて、医療政策の抜本的な「構造改革」が着手されました。一九八七年の政府タスクフォースの報告書は、医療サービスの経営者が説明責任を果たさず、費用最小化へのインセンティブを欠いており、情報システムが貧弱だと指摘しました。こうして、ニュージーランドの医療サービスにネオリベラリズムの「プロクルステスの寝台」があてがわれたのです。

医療関係者は一般に、合理的経済人というよりむしろ、患者の生命と健康を一義に考えることが天命だとする日常意識を持っています。「医は仁術」というとおり、自己の医療技術で人間の命一つが救われれば、それは患者にとっても自分にとってもハッピーであるという共感が、医の倫理の根本にあります。医療サービスのありかたは、こうした人々が民主主義的に選出される医療委員会で意思決定をしていました。

ところが、これが任命制の地域医療局に改組され、この医療局が政府からまとめて資金を受け取り、民営化された公立病院をはじめとする医療諸機関にトップダウンで資金配分を行う制度となりました。公立病院自体も「公立病院企業体」へと改組され、独立採算を求められました。同時に「小さな政府」の考え方に沿って、一九八九年から五年間で一人当たり政府医療支出は七%切り下げられました。

しかし、この政府支出削減や民営化が、病院の側で費用最小化へのインセンティブを高め、効率的な運営を生んだわけではありません。いきなりネオリベラリズムの原理が押し付けられたため、資金不足に陥った病院では、新鋭医療設備を購入できず、設備を老朽化のまま放置することを強いられました。設備増強ができないため、患者は手術を受けるため、より長い順番待ちを余儀なくされ、順番を待つ間に亡くなった患者も現れました。利潤をあげなければならない病院は、患者の回転を早めようと、手術が終わったらすぐに患者を病院から放り出し、なかには身寄りのない八二歳のお年寄りが、手術後午前三時に病院から退去を迫られるという事態も起こりました。

患者にも、ネオリベラリズムの政策が強行されました。患者の医療支出に占める政府資金の比率は、一九九一年の八二％から、一九九三年の七六％に低下しました。株式会社が設立する私立病院なら自由診療で高水準の医療が受けられるので、人々は医療サービス支出にそなえて、民間の医療保険にたよらねばならなくなりました。その最大手は、米国の資本です。一九九一年には人口の四〇％だった民間医療保険への加入比率は、一九九五年には五五％に上昇しました。

元来、もっともすぐれた医療経費削減の方法は、すべての市民を健康な状態にしておくことです。痛くてつらい病気に自らなろうとする人はいません。しかし医療保険は、健康な市民が予防的な医療サービスを受けるには使えないことが多いので、市民の健康管理はおろそかにならざるを得ません。しかも、貧困層は民間医療保険に加入することそのものが困難です。

こうして貧困層の間に、結核・壊血病・くる病などが再び蔓延し始めました。富裕層が民間医療保険を使って自由診療の私立病院に向かうにつれ、公的保健制度は空洞化してゆきました。

本来平等である人間の尊厳にかかわるものとして、かつて公営でまかなわれ患者の負担なしに運営されていた医療サービスは、ニュージーランドにおいて、市民の基本的な生存権を維持する社会制度から、車やコミック本と同じ一つの財を供給する市場の一構成部分へと転換してしまったのです[2]。経済での勝ち組と負け組との間の差別は、生物としての人間存在にまで拡大しました。

電力の規制緩和と、北米大停電

生活にも産業にも基礎的なインフラである電力もまた、各国で、ネオリベラリズム的な「改革」の格好の標的となっています。電力における規制緩和政策の一般的なパターンは、これまで電力会社が一体で運営してきた、発電という電力の生産過程・送電という供給過程・そして需要家への販売過程を分割して、それぞれ別個の事業者が担当できるようにし、おのおのの過程に市場競争を導入し、新規参入を可能にする、というものです。

もともと電力は、発電や送電施設の建設と維持に高額の投資が必要で、経営に長期的な見通しが必要な産業です。また、電力は、居住地を問わず誰の生活にも不可欠な**ユニバーサルサービス** universal service であり、過疎地の山村・離島であっても、津々浦々に至るまで、送電線網をはりめぐらさなくてはなりません。これまで、各国の電力会社や電力公社は、電力生産のコストを全体としてまとめて計算し、直ちには利潤を生まないか、電力事業の公共性を維持するため不可欠な投資資金や維持費用を、より利潤の上がる過程から資金を回すことでまかなうことができました。これを、**総括原価主義** full-cost principle といいます。

ここで規制緩和がなされ、電力業が分割されると、参入してくる新規事業者は、いちばん儲かる「おいしい」部分だけを担当しようとします。参入してきた他の事業者がより儲かるビジネスの部分だけからおいしい利潤を吸い取る**クリームスキミング** cream skimming を行うと、これまで総括原価主義によってはじめて維持できていた、発電所や送電線網を担当する部分の費用がまかなえなくなって、その新規投資ならびに補修、そして万一のシステム支障に対応するための冗長性確保に対する投資などが、十分にできなくなってしまいます。また、電力の生産過程が分割されてできた個々の企業は、自社が担当している部分だけで利潤を極大化しようとします。電力会社の目的は、最終需要家への安定した電力供給ではなく、供給量を時には縮減してでも自社の守備範囲の事業で利潤を極大化することに変わります。

その結果、米国では、電力生産システム全体のバランスが崩れ、老朽化した送電設備の補修がおろそかになって、カリフォルニア州やニューヨークで大規模な停電が起こり、市民生活と産業が大混乱に見舞われました。電力料金引き下げという甘い誘惑で始まったネオリベラリズムの構造改革は、結局、電力供給それ自体を不安定にさせ、経済と生活に大きな支障をもたらす帰結に終わったのです。

（1）Kazimirez Z. Poznanski, 'Poland's Transition to Capitalism', in Poznanski ed., *Stabilization and Privatization in Poland: An Economic Evaluation of the Shock Therapy Program*. Boston: Kluwer Academic Publishers, 1993.

（2）Jane Kelsey, *the New Zealand Experiment: A World Model for Structural Adjustment?* Auckland: Auckland University Press, 1995. 河内洋祐「草の根から見たニュージーランドの行政改革」『ニュージーランド研究』四号、一九九七年、七一－一一五ページ参照。

2 多国籍企業がつくりだしたグローバルに不均等な空間編成

こうした問題をばらまきながら世界に強く浸透してゆくネオリベラリズムの流れに乗って、第一章で述べたグローバリズムの第二類型の層を構成する多国籍企業は、世界経済の空間編成をますます不均等なものに変えてゆきました。本節では、新国際分業の体制のもとで、多国籍企業がグローバルな空間の不均等をどのように編成してきたか、より立ち入って検討してみましょう。

生産要素の空間的固着性

事業所の立地とかかわった実体経済の投資フローは、ネオリベラリズムが主張するような、利潤率・賃金率・利子率といった経済変数だけに依存するわけではありません。多国籍企業の「見える手」がグローバル経済の空間が編成する際に重要な役割を果たす要因として、次の三つがあります。

第一の要因は、資金・技術や経営ノウハウ、原料・労働力・工場の敷地と建物など、生産要素それぞれに物理的な移動の困難があり、多かれ少なかれ場所に固着しているということです。多国籍企業が効率的な事業空間をグローバルに編成するには、この点を考慮しつつ、もっとも効率的な場所にそれぞれの事業所を立地させ、各事業所を空間的にうまく効率的にまとめあげることが不可欠です。

まず、多国籍企業にグローバルな支配を可能とさせているもっとも重要な要素は、その先端的な技術力です。とりわけ米国の多国籍企業は、軍事技術の民生化を通じ、多くの先端技術を入手してきました。企業は、このような先端技術開発を、経営最高首脳と密接な連携をとりつつ進めるため、戦略的研究開発拠点を、本社に比較的近隣した位置に立地させます。その空間的移動性は高くありません。

ユーザ側からみると空間が完全に消滅したように見えるインターネットであっても、そのトラフィックを管理する元締めにあたるルートサーバは世界に一三台しかなく、うち一〇台が米国に集中していて[1]、インターネットの情報管理体制はきわめて強く場所的に偏倚しています。それゆえ、電子商取引のサーバは、米国に立地することにより、渋滞がより少なく高速な顧客とのやりとりができます。

情報には、インターネット情報のように世界どこでも入手できる普遍的なものもありますが、特定の場所でだけ得られるものや、あるいは特別な人格的関係がなければ得られないものもあります。他社を出し抜く企業間の競争に有用なのは、独占できる情報です。企業の意思決定には、こうした情報のある場所に何らかの管理拠点を配置するのが有利です。

工場の土地や建物、天然資源や観光資源などは、はじめから空間的に移動できず、その場所に固着しています。途上国政府は、いったん工場などの誘致に成功すれば、長い期間にわたってその国の経済成長にそれが貢献すると期待し、税の減免、公共事業による産業インフラ整備、**輸出加工区** export processing zone, EPZ 設置などあらゆる手段を用いて、多国籍企業の工場を呼びこもうとします。その結果、工場誘致費用の方がその国にもたらす利益を上回ることもしばしばです。

多国籍企業は、複数の国が互いに誘致競争している姿を高見の見物しつつ、もっとも有利な条件の場所に立地を決定します。原料や製品を動かす物流には、物理的な時間とコストがかかるので、グローバルに見渡して、原料地と消費地の位置と規模が工場立地の際に考慮されなくてはなりません。誘致競争を熱心にやれば、必ず工場が来るというわけではないのです。

人間についてみると、多国籍企業管理者や技術者の出張など短期訪問の場合、人々は事業所の配置に応じ比較的容易に国境を越えることができます。また、企業駐在員など専門家としての海外滞在には比較的容易に査証（ビザ）が発給されます。しかし単純労働力は、後に詳しく述べるように、自国の国境のなかに閉じ込めてありますから、工場のほうから低賃金労働力が潤沢な国に進出してきます。

プロダクトサイクル

第二の要因は、工場が生産する完成品または部品などの中間製品がもつ性質です。

製品は一般に、まず研究所で開発され（開発期）、それが消費者に普及し（普及期）、やがてほとんどの人が保有する商品へと成熟（成熟期）して、最後には需要が衰退する、というサイクルをたどります。米国の経済学者バーノンは、これを、人間の一生のライフサイクルにたとえて、**プロダクト**（製品）**サイクル** product cycle と呼びました（**図3**）。

プロダクトサイクルの開発期には、かつてのコンピュータやトランジスタのような、これまでになかったまったく新しい製品コンセプトが企業の戦略的な研究開発部門によって作り出されます。製品は高価で、既成の観念にとらわれない消費者しか買いません。それゆえ、プロダクトサイクルの開発期をになう事業所は、創造的な技術者や革新的気質の消費者が多くいる、多国籍企業の本籍国の大都市か、その近くにおかれます。米国のシリコンバレーは、この典型例です。

普及期になると、この商品の効用（役立ち）が多くの人に理解され、需要が急速に増大していきま

図3　プロダクトサイクル

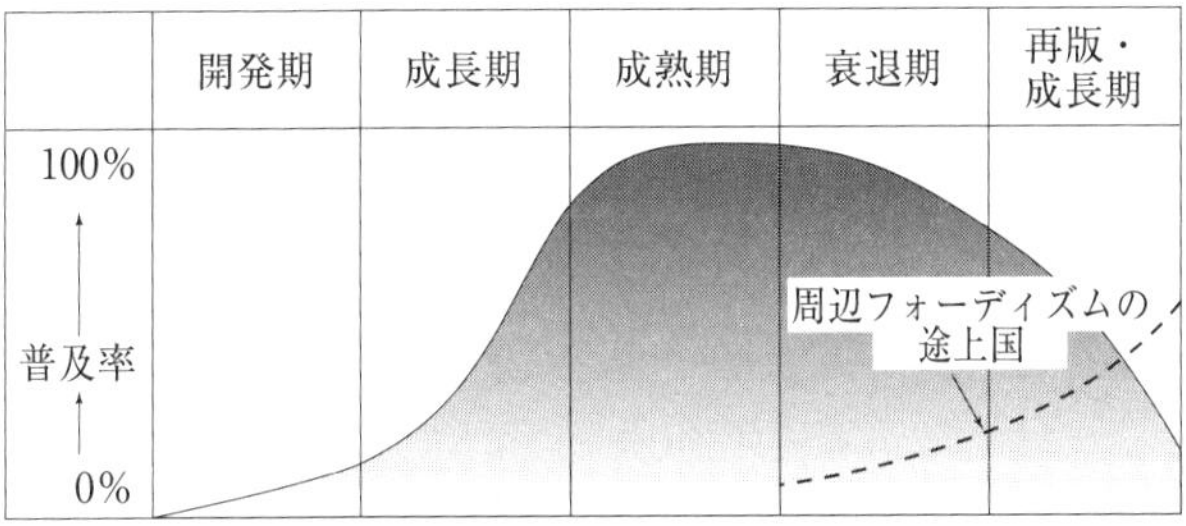

出所：ディッケン『グローバル・シフト』上，宮町良広他訳，2001年，古今書院，204ページ（一部改変）。

す。これに対応して、すでに出来上がった製品のコンセプトをどのように大量生産のラインに乗せるか、またどれだけ大量の商品を均質な高品質で生産するか、という流れ作業のシステムや品質管理にかかわる技術開発が重要となります。高度成長期の日本は、この普及期の財に特化して、大きな成長をはたしました。

成熟期には、すでに大量生産技術が確立しており、あたかもテレビのスイッチをひねるように出来あいの機械を操作すれば製品が作れるので、技術開発の努力があまりいらなくなります。労働集約的な生産過程が採用され、中古の機械と安い労働力を使ってコストを切り下げ、競争優位を確保する経営努力がより重要です。このために、メキシコの米国境に隣接したマキラドーラや、中国、そして最近はベトナムやインドなど、従順な低賃金労働力が潤沢に利用できるところに立地することが不可欠となります。

なお、貧困な人が多数いれば、それが自動的に低賃金の単純未熟練労働力になるわけではないことに注意しておく必要があります。人間は訓練しないと労働者にはなれません。始業時間にきちんと出勤する、上司の指示に忠実に従う、疲れても最後まで責任をもってタスクをこなす、など工場労働者に求められる基本的に重要な資質・行動規準は、「正当な理由なく遅刻するな」「先生に反抗的態度をとってはいけない」「校則を守れ」などと規律を教え込む初・中等教育がその国に整備され、ほとんどの子供がそこに通学していなくてはなりません。アフリカの最貧途上国では、人口は多くとも、こうした教育の欠如が理由の一つとなって、投資がなされません。

最後に、衰退期になると、たとえば自転車に対するバイク、白黒テレビに対するカラーテレビのように、すでに普及しきった旧来の生産物より性能が良く魅力的な新製品が登場するので、人々の所得が高まるほど旧来の生産物への需要が減ってゆきます。ただし、同じ生産物が、途上国で新たな需要を獲得することもあり、これが「再版成長期」を作り出す場合もあります。

空間統合のパラドクスと、結節都市がもつ意義の増大

これらの事業所を結び付ける空間統合は、経済地理学の立場からみると、奇妙な性質を持っています。交通・通信路はほとんどの場合一次元の線分ですが、それを組み合わせてネットワークを編成しないと、二次元の平面で自由に人や物が移動できるようになりません。

このネットワークは、第一章の冒頭で述べたように、蜘蛛の巣のように結節的か、魚をとる網のように均質的か、どちらかのパターンをもちます。

交通路の、網の線や結び目にあたる部分（結節点）ができると、そこは便利になりますが、そこから外れたところは不便なままです。物理的な距離の長短と、ネットワークにある諸地点それぞれの利便性の程度が、必ずしも比例しなくなるのです。これによって、空間編成の不均等が拡大します。

より高速な交通手段は、単位距離あたりの建設・運行費用が低速な交通手段より高いので、密なネットワークを構築し運営するには、低速な交通手段にくらべより大きな費用がかかります。このため、高速になるほど、交通体系のネットワークはますます疎になります。これは、新幹線と在来線、あるいは高速道路と一般道路のネットワークをそれぞれ比較してみればわかるでしょう。ネットワークが疎になると、それを構成する線分を結びつける結節点となる都市の数が減り、結節点となった少数の都市の重要度が、ますます増大します。

これに、前章で述べたネオリベラリズムのイデオロギーにそって、民営化と自己責任の原則が追いうちをかけます。線区ごとの独立採算が強調され、ネットワークの構成要素のうち黒字路線の儲けだけをねらう事業者が現れて、黒字路線の利益は不採算路線の損失補塡に回らなくなります。これは、前節の電力産業民営化で述べたクリームスキミングと同じです。結局、赤字路線は廃止されて、ネットワークはますます疎なものになります。これを、**空間統合のパラドクス**といいます。

国際航空輸送やコンテナ輸送では、こうして少数の結節点となった主要都市を結んで、**ハブ・スポーク構造** hab and spoke structure という空間編成が構築されます。これは、太平洋横断といった長距離をまたぐ結節都市相互間を「ハブ」と呼ばれる高速・大容量の交通手段で結び、そのハブから周辺の小都市を、「スポーク」と呼ばれるより小さな容量の航空機や船舶で連絡するという方法です。これによって、空間的不均等はさらに増大しますが、交通サービスの運営は効率化し、運輸企業の利潤はあがります。そして、ハブの座を占めることに成功した都市だけが、大きな経済浮揚の機会をつかむことになるのです。アジアでは、香港やシンガポールが、このハブの地位を獲得しています。

流れる情報の性質により異なる事業所間リンケージの時間とコスト

空間統合については、交通・通信網の物理的性質とならんで、空間的に離れて配置された事業所相互をまとめるために必要な事業所間のやりとりの複雑さの程度、情報のやり取りにエラーが生ずるリスク、そして新しい取引先を探しそれと信頼関係を結ぶ必要など、事業所間の**リンケージ**（linkage結びつき、事業者間連携）に関わる時間とコストも重要です。ここから、事業所の空間編成に関わる第三の要因が出てきます。

事業所間のやり取りの内容が単純で、流れる情報の量が少なく、製品の特性が長い間不変で、決まった取引先と定型化されたやり取りが繰り返される場合は、事業所間に長い距離があってもあまりリンケージに問題は生じません。例えば、工場に設計図をわたして一度説明し、あとは「この製品を何万個生産してくれ」と指示だけ電子メイルなどで流せばよいのなら、物流が容易である限り、遠方に工場があってもよいでしょう。成熟期の製品の多くは、こうした性格をもっています。それゆえ、成熟期の製品の生産過程は、本社から遠く、低賃金労働力が豊富に得られる東南アジアや中国、インドのようなところに立地することができるのです。

これに対し、プロダクトサイクルで開発期にある製品のように、やりとりの内容が複雑で、微妙なニュアンスを伴い、絶えず取引先や消費者の嗜好・やり取りの内容などが変わる場合は、あまり長距離を移動すると、伝達の際のエラーなど、トラブルの生じるリスクが高まります。これを避けるために、あまり遠くに工場を置くのは好ましくありません。そこで、本社ないし主要な管理拠点に集積して事業所が配置されることが多くなります。(2)

国境透過性の操作と低賃金労働力プールの形成

グローバルな空間統合といっても、その交通路の途中には国境が横たわっています。この国境でどの程度に資金・財・労働力などの透過を許すかは、その国境を管理する主権国家が法令で決めることがらです。

ネオリベラリズムは、規制緩和を唱えます。では、社会をささえる空間の領域を仕切る国境通過の規制が、ネオリベラリズムの浸透とともに緩和され、「国家の終焉」が起こったかというと、決してそのように単純ではありません。

財・資金・人間の移動の技術が効率化するにつれ、高所得国は、関税や査証のような国境管理にかかわる規制を操作することによって、自国の領域内のマクロ経済のありさまを思うように変えられるようになりました。各国は、自国を支配する主体の政治的・経済的・社会的利益を極大化するよう、この**境界の透過性** porosity of boundaries を操作し、自国のマクロ経済を最適化する手段を手に入れたのです。

国境を越えるさまざまな経済・社会の要素の中で、とりわけ国境管理が重要な意味をもつのは、労働力です。いくら規制緩和がネオリベラリズムの要請だからといって、労働市場を全面的に開放し、どのような外国人労働者も自由に来て働けることを決めた国は、世界中どこにもありません。

労働者が国境を越えて移動するには、労働査証（外国人がその国で労働するための許可証）が必要です。周辺の国よりも所得が高く、雇用機会が豊富なために常に外国人労働力の流入圧力にさらされている高所得国は、自国の労働市場のある部分における需給を緩和するため、例えば、必要な技能を持った労働者には労働査証を発給し、そうでない労働者には労働査証を発給しないといった措置を、任意にとることができます。

労働者の供給が増えれば、労働市場で賃金上昇がおさえられ、労働争議が減少します。労働者に技能があれば、その技能にみあった多国籍企業の事業所を立地させ、自国の産業構造の高度化を図ることが可能です。高所得国は、この種の外国人労働者を「研修生」などの名目で自国に招き入れます。最近は、こうして高所得国に入った労働者が出身国の家族や親族に行う送金が、途上国において重要な所得ならびに外貨の獲得源になってきました。

とはいえ、まったく技術を持たない単純労働者に、労働査証はほとんど発給されません。単純労働者は、高所得国への移動を阻止し、途上国の内部に封じ込めておくほうが有利です。なぜなら、こうすれば途上国に自国の多国籍企業の工場を分散立地させて、この未熟練労働者をより低い賃金で搾取できるからです。

それでも高所得国に移動したい単純労働者は、手引き業者を頼り、「非合法」な手段で国境を越えます。船底にかくれての密航、偽造パスポートの使用など、手段はさまざまです。手引き業者の費用は高く、中国から日本への密航では二〇万元（約三〇〇万円）を要求されるといいます。[3] 高所得国の政府は、これらの「非合法」移民を時折「合法化」し、定住権を認める政策をとります。これにより、「非合法」移民も、その高所得国におけるマクロな労働力供給の調整に加わるのです。[4]

要するに、ネオリベラリズムのもとでのグローバル化は、決して世界中の国境を低くし、グローバルな均質化をもたらすものではありません。国境の透過性は、むしろ特定の経済部門を戦略的に成長させるための重要な手段となりました。国家は、国境透過性の操作がより強い競争戦略の一つであることにめざめ、ネオリベラリズムのもとで、国家領域は、たがいに競争するためのあらたな単位として、より強く実体化し、国家の集合はこれによりますますモザイクのようになっています。

このように、多国籍企業がその「見える手」で行うグローバルな分業の原理は、ネオリベラリズムがもたらした規制緩和、インフラ整備競争、そして国境管理がもたらした労働市場のグローバルなモザイク化が相まって、企業経営者の意思をより純粋に反映する形で展開するようになっています。それは、グローバルな収斂どころか、かえって、結節性をもった不均等な経済空間編成をグローバルに作り出したのです。

（1）『日本経済新聞』二〇〇五年一〇月一日。
（2）アラン・スコット『メトロポリス』水岡不二雄監訳、古今書院、一九九六年、五九－六四ページ。
（3）銭黄山『ある中国人密航者の犯罪』高橋文代訳、草思社、一九九九年、二三ページ。
（4）水岡不二雄「グローバル経済下のアジア、国境と階級関係の再構築」『歴史と経済』一八七号、二〇〇五年参照。「非合法」移民をどの程度厳しく取り締まるかも、国境透過性操作の一形態をなします。

3 グローバルな過剰と投機資金の跳梁

多国籍企業が利潤を求め、各国が経済成長を求め、それぞれに競争を強めてできた不均等な経済空間が、いまや地球を覆っています。そこに全体としてネオリベラリズムのイデオロギーが覆いかぶさった結果は、第三章第二節で学んだところからも明らかのように、グローバルな収斂ではなく、グローバルな過剰でした。

グローバルな過剰と新国際分業フロンティアの行き詰まり

途上国は競って多国籍企業の事業所を誘致しようとしたので、新国際分業のフロンティアは次第に拡張し、グローバルな市場では、曲がりなりにも続いてきたグローバルな「買い」が限界に近づいてきました。「セイ法則」はますますありえないこととなったのです。

これまでグローバルな市場競争の展開の中で「買い手」の役割を果たし、「セイ法則」を不十分ながら実現してきたのは、主として米国の需要でした。米ドルが事実上世界の基軸通貨であるため、米国は、多少貿易赤字を出しても、世界から流入する資金などで、この赤字を埋め合わすことができました。

ところが近年、この米国の国内消費が停滞してきたのです。米国における労働者一人当たり実質給与の年間増加率は、次第に鈍っています。一九六〇年台には平均して九・七%あったこの増加率は、一九九〇年代には一・三％になりました[1]。また、ユーロ圏においても、最終消費需要が、二〇〇一年に一ポイント、二〇〇二年にはそれ以上低下しています[2]。

米国の貿易収支の赤字も、ますます拡大しています。外国から工業産品を輸入するだけでなく、近年は、海外からの石油など資源輸入が急増して、赤字を増やしているのです。二〇〇五年八月には、米国からの輸出が一〇八一億米ドルに対し、輸入は一六七二億米ドル、貿易赤字は五九〇億米ドルという記録的な額に達しました。米国は、アラスカやテキサスなど自国内に多くの油田を持つにもかかわらず、石油輸入にかかわる二〇〇五年八月の貿易収支が二〇六億米ドルの赤字になっています。また、同月には、「世界の工場」となった中国との間に、一八四・七億米ドル、また日本との間にも六五・九億米ドルの赤字を記録しました[3]。米国は、これ以上輸入を増やしにくい状況となっています。

しかも、米国内部には、保護貿易主義を求める政治的圧力が絶えず存在しています。外国には厳しく市場開放を要求しながら、選挙を意識する米国の政権は、自分の国の周りにあらたな市場の障壁を設けるのですから、身勝手というほかありませんが、これによっても、海外からの輸入量は減ります。

二〇〇三年一〇月に発表された、国連貿易開発会議（ＵＮＣＴＡＤ）の報告書[4]は、次のように述べています。

世界経済は、グローバルな需要の不足が作り出した、ますます広がるデフレギャップにいまや直面している。あまりにも多い財があまりにも少ない買い手を追い求め、あまりにも多い労働者があまりにも少ない仕事を追い求めて、労働市場にも生産物市場にも、グローバルな供給過剰がある（Ⅳ頁）。

グローバルなデフレは、発展途上国に深刻な問題を作り出している。うまく行っている輸出業者も、外国市場に供給する部門で過剰能力に直面しており、このことが、価格と為替レートの競争を強化させて、これがグローバルなデフレ圧力にさらに輪をかけている（二〇頁）。

この報告書がいう「グローバルなデフレ」をもたらしている需要不足のもとで、最貧途上国に投資して新国際分業のフロンティアを空間的に拡張し、生産力を増強して供給を増やすことは、多国籍企業にとってほとんど意味がありません。

これを途上国の側からみれば、多国籍企業の投資を誘致することにより経済成長を実現する望みがますます乏しくなったことを意味します。

こうした状況のもと、アフリカの途上国では、貧困撲滅を可能にするだけの高い成長率を維持できた国がほとんどなく、二〇一五年までに貧困を半減するという目標の達成は不可能であろう、とUNCTADは指摘しています[5]。

いまや、多国籍企業の直接投資がもたらす雇用と高い生活水準によって輝く周辺フォーディズムの「太陽」を最貧途上国の人々の目の前につるして、人々を米国の覇権のもとに引きとめておくことは、難しくなってきました。

過剰となった資金がグローバルに投機資金として跳梁する

産業にこれ以上投資を行えば過剰生産・過剰供給となりがちなので、蓄積された資金は、利潤を生む見込みのない実物生産の過程には向かいにくくなります。

とりわけ、一九八〇年代のネオリベラリズムによるグローバルな金融自由化の広がり以降、『ニューズウィーク』が「だぶついた資金が経済成長に何の貢献もしない高リスク投資につぎ込まれ続ける」[6]と描写するとおり、余剰の資金は短期における投機的利潤の獲得を求めて、グローバルに駆け回るようになりました。

金融自由化が進み、国境の透過性が高くなったため、あらゆる資金がオンラインで瞬時に移動できます。このように極端に高い空間的移動性があれば、「地理の終焉」と語られるように、資金移動に場所性はないようにみえます。しかし実際に、投機行為の指令塔は、金融ハブといわれるニューヨーク、ロンドンといった米英の中心都市に立地しています。強い可動性が、逆に意思決定の極端な集中をもたらしているのです。

投機資金は、儲けのチャンスさえあれば、不動産・外国為替・金・株式・商品など、およそ投機の可能性のある対象なら何にでも飛びつくよう指令を受けます。

投機資金の額は年々増えており、一九九〇年には一兆ドルだったものが、二〇〇二年には五・三兆米ドルに達しています。[7]その間、投機資金は、世界中に河岸を次々と変え、いくつもの国で、金融バブルとその激しい崩壊を演出してきました。

一九九二年には、欧州で比較的強い通貨だったドイツマルクの投機買いと弱かった英ポンドならびにイタリアリラの投機売りを行い、当時の欧州通貨制度（ＥＭＳ）に大きな混乱をもたらしました。

一九九〇年代初めから一連のネオリベラリズム政策を導入したメキシコには、大量の投機資金が流入し、バブルが起こっていましたが、これが輸入増をもたらし経常収支の赤字が拡大した頃合いに、投機資本は資金を一挙に流出させ、これによってメキシコの外貨準備が減少、通貨ペソの価値が数日で三分の二に下落しました（テキーラ危機）。通貨投機は、タイにも一九九七年に仕掛けられ、中国との競争で輸出が思わしくなくなり、外貨準備が減っていたタイ通貨バーツの暴落から、韓国・インドネシアはじめアジア諸国を巻き込むアジア通貨危機へと発展しました。一九九八年には、高利率だったロシアの国債に集まっていた投機資本が、債務不履行になるリスクがあるとして急に売り浴びせをはじめ、通貨ルーブルの大暴落を起こしました。南米のアルゼンチンでも、ネオリベラリズム政策導入で海外からの証券投資などにバブルが起こり、潤沢な外貨準備で一ドル＝一ペソという固定相場が維持されていましたが、二〇〇一年になると、アルゼンチン経済の競争優位に不安があるなどとして証券投資の流入が減り、それが一挙にバブルの崩壊を招いて、アルゼンチンの通貨がおよそ四分の一まで下落しました。

各国の事例には、共通のパターンがあります。一国のスケールでのネオリベラリズム政策が、グローバルな空間スケールで動く投機資本の間ではやされて投資バブルを引き起こし、海外からの投資を大量に流入させます。投機資本は、株の値上がりなどで大きく儲けます。その後あるとき、その資金が何かをきっかけに引き揚げられて、当該国通貨の大暴落をもたらすバブル崩壊をつくりだします。すると、現地通貨建てで借り入れていた場合、米ドルでの返済額が大幅に減るので、そこでまた投機資金は大儲けができます。

鉄火場の河岸を次々と変えていかなければ、国際投機資本の儲けは持続しません。バブルは初めから、いつまでも続かないようになっているのです。ある国がネオリベラリズムの政策を採用すれば、かえって自国経済の安定した持続性を大きく損ないます。金融を大幅にグローバルに開放することで、グローバルな収斂など訪れないどころか、自己利益を極大化しようとする国際投機資金の動きと、それに伴うバブル崩壊、そしてそれによる、企業倒産、生産停滞、失業やホームレス発生などの自国経済と市民社会の大混乱に遭うリスクに、自国がより強くさらされてしまうからです。企業が倒産したあと、それを二束三文で買い叩くのも、もちろん**ハゲタカファンド** vulture fund などと呼ばれる外国資本です。

現在、外国為替市場では毎日一兆五〇〇〇億ドルが取引されています。このうち実際の財の移動に伴う取引は、そのわずか五%にすぎません。[8] この資金量は、世界にある国の一つ一つが持つ外貨準備の量を軽く上回っています。

日本の証券投資市場にいま流れ込んでいるのもこの種の資金であり、株式と債券とを合わせ、二〇〇四年度に一八九兆円にも達しています。[9] いまや日本の株価は、外国人投資家の投機的な見通しによって操作されるようになっているのです。ひとたびこの莫大な投機資金が、なんらかの理由で日本の株式の集中的な投げ売りを始めれば、その価値はひとたまりもなく暴落するでしょう。そして、日本経済は崩壊の瀬戸際に立たされるかもしれません。

基軸通貨国である米国が重債務国に及ぼす影響

短期の投機資金は、グローバルにみたマクロ経済ごとの金利の差異に敏感です。貿易赤字を埋め合

表3　対外債務のうちどれだけの元利を返済しているか（地域別，2002年）

	対外債務額(A)	元利返済額(B)	BのAに対する％
ラテンアメリカ	790	134	16.96
サハラ以南のアフリカ	210	13	6.19
中東と北アフリカ	320	42	13.13
南アジア	170	14	8.24
東アジア	510	78	15.29
旧ソ連圏諸国	400	62	15.50
総計	2400	343	14.29

単位：10億米ドル

出所：http://www.cadtm.org/IMG/html/vademecum040125. mht

わせるため、米国がこのグローバルな資本市場から資金を吸収することもできます。そのためには、利子率を多少引き上げればよいのです。これは、米連邦準備銀行が任意に操作可能な経済変数です。

米国が自国の事情を配慮して利子率を上げたとき、もっとも不利な状況に追い込まれるのは、多国籍企業の国際分業から置き去りにされ、累積した多額の債務を先進国に対して負う、**重債務国** severely indebted countries と呼ばれる途上国です。なぜなら、ほとんどの対外債務は米ドル建てで、その利子率は米国内のプライムレートトリンクしているからです。

現在、一九九六年に発足したＨＩＰＣ（Heavily Indebted Poor Countries）イニシアティブでは、世界銀行とＩＭＦに四二の国が「重債務国」として認定されており、そのうち三四はアフリカにあります。二〇〇二年には、サハラ以南のアフリカ全体で、二一〇〇億ドルの対外債務をかかえていました。その元利返済額は一三〇億ドルと、元金の六・二％にしか達していない、世界最悪の状況です（**表3**）。これに金利上昇が加われば、貧しい途上国は経済が干上がり、貧困問題がますます激化することは、明らかです。[10]

（1）ロバート・ブレナー『ブームとバブル：世界経済の中のアメリカ』石倉雅男・渡辺雅男訳、こぶし書房、二〇〇五年、七九ページ。
（2）United Nations Conference on Trade and Development (UNCTAD), *Trade and Development Report, 2003*, New York and Geneva: United Nations, 2003, p. 9–10.
（3）『日本経済新聞』二〇〇五年一〇月一四日。
（4）UNCTAD, *Trade and Development Report*, 2003. op. cit.
（5）Ibid., p. 15.
（6）『ニューズウイーク』二〇〇三年九月三日号、三四ページ。
（7）同右、三二ページ
（8）War on Want, *The Global Gamblers, British Banks and the Foreign Exchange Game*, 1999.（この五％という数字は、『別のダボス』一五五ページから。）
（9）『日本経済新聞』二〇〇五年二月一四日夕刊。
（10）もっとも、米国が容易に資金を調達できるかぎり、米国政府は利子率を上げる必要がありません。利子率を上げると、米国企業が融資を受けて設備投資するのも、市民がローンで住宅を買うのも難しくなって、経済が停滞しますから、本音を言えば利子率は上げたくないのです。七三兆円も米国債を保有している日本は、米国経済が大きな金利引き上げをしないですむことに、大いに貢献しているといえるでしょう。

4　市場原理主義の破綻と、力の国際政治を用いた米国の覇権維持

ネオリベラリズムによれば、各国の財政と国際収支の巨大な赤字は、各国が負うべき自己責任の帰結として、自国通貨の暴落という「痛み」によって解決されなければなりません。メキシコも、タイも、アルゼンチンも、こうした痛みをいやというほど経験させられました。ところが、基軸通貨国の米国だけは、この痛みを蒙らない特権的地位にあるのです。自分だけ痛くならない特権的地位にあるからこそ、米国は、他国にネオリベラリズムの自己責任を説教し続けることができるのでしょう。

とはいえ、それにも限度があります。あまりに赤字が拡大すれば、それは米ドルと米国債の信認に傷をつけ、世界から資金は集まらなくなって、貿易収支と財政赤字のファイナンスはより困難になるでしょう。ある時、米ドルは突然に暴落し、米国は世界覇権の座から転落するかもしれません。貨幣の力で世界中に支配を広げた国が、貨幣の力によって滅ぼされるのです。

そこで米国は、一九八五年ごろを過ぎると、口では市場主義を唱えながら、実際には貨幣にグローバルな覇権の力をすべて委ねるのではなく、世界最大の軍事力とそれに裏づけられる政治力を駆使しながら、米国のグローバルな覇権の永続をめざすようになってゆきました。ここで、第一章で述べたグローバリズムの第三の類型である従属理論の層、すなわち力の国際政治をもちいた米国の世界覇権と周辺国の従属化が、再びよみがえってきたのです。

グローバルスタンダードという名の、アングロスタンダードの押し付け

一九九〇年代に米国は、同じアングロサクソンの英国・オーストラリア・南アフリカ共和国などと組んで、米国流の会計基準はじめさまざまの経済政策を、「グローバル化」と称して、大陸ヨーロッパ、アジア、その他に押し付けました。

グローバルに共通な会計基準の取り決めをする「国際会計基準理事会」を構成している理事一四名の内訳をみると、アングロサクソン系の理事が、英国人四名、米国人三名、オーストラリア人一名、カナダ人一名、南アフリカ（白人）一名と、一〇人を占めており、それ以外は、ドイツ、フランス、スイス、日本各一名となっています。[1] 圧倒的多数がアングロサクソン系で占められた委員会では、米英流の会計方式が、そのままグローバルな会計基準として決められ、米英の投機ギャンブラーが、自分たちに馴染み深い基準で世界を見渡して、どの企業が一番「おいしい」投資先か容易にわかるようになったわけです。

また、日本に対して米国は、冷戦体制がまさに崩壊しつつあった一九八九年、「日米構造協議」と称して、日本経済に米国企業が食い込みやすくするさまざまの政策を採るよう、強く求めてきました。一九九四年からは、これが**年次改革要望書** Annual Reform Recommendationsとして毎年定期的に日本に突きつけられるようになっています。[2] その中身は、多くがネオリベラリスト的な「改革」の名の下に、米企業が日本経済から利益をつまみ食いできる制度作りを求めるものです。[3]

例えば、二〇〇三年一〇月版の「日米規制改革および競争政策イニシアティブに基づく日本政府への米国政府の年次改革要望書」を見ると、「需要家の選択肢を増やし、日本の電力市場への新規参入

を推進し、市場の競争状況を改善するため」と称して、日本政府に、「送配電部門と他の電力部門との内部相互補助を防止するため」電力生産の会計分離を行わせること、そして「それが公平で透明な市場の形成に役立たない場合は、運営上の分離」を行うことを要求しています。「公平で透明な市場」が形成されたあと、かつてのエンロンのような投機的エネルギー資本が、おいしい汁だけ吸い取ろうと日本の電力産業に新規参入してくることは、想像に難くありません。これは、本章第一節で述べた北米の大停電によって既に失敗が明らかとなっている、電力の規制緩和政策そのものです。日本の産業と私たちの生活にとって基本的インフラである電力の安定供給を重大なリスクにさらしてでも、とにかく自国の多国籍資本を日本の電力市場に食い込ませたいという米国の意図がにじみ出ています。

また、同要望書は、「郵便金融機関」(郵貯と簡保)に強い関心を示し、「郵便金融機関と民間の競合会社間の公正な競争確保のため」と称して、「郵便金融機関に民間と同一の法律、税金、セーフティーネットのコスト負担、責任準備金条件、基準および規制監視」の適用を提言しています。これはまさに、二〇〇五年に参議院で否決され、そのあと衆議院を解散してまで小泉首相が強行した郵政民営化政策そのままです。

このように、米政府は「改革の要望」をつきつけ、日本に米国の企業が進入できるよう、制度の地ならしをさせているのです。このような「要望」に唯々諾々と従っているのでは、電力供給も、市民の零細な貯金も、すべて米国資本のいいようにされてしまいかねません。日本と、従属理論がかつて説いた周辺の途上国の状況と、いったいどこが違うのでしょうか。

米「国家安全保障戦略」——軍事を通じた、力による米国のグローバル覇権の再確立

多国籍企業の空間的展開から置き去りにされ、累積債務の重荷を背負い、ネオリベラリズムが破綻して貧困から脱却する道を見失った途上国には、直接の軍事的強圧が加えられます。

これらの途上国では、昔から、非市場的・伝統的な共同体が社会組織の基底にありました。貧困の深刻化は、相互扶助のため、共同体の結束をいやがうえにも強めました。イスラム教を信ずる人々が多い社会では、イスラム教に人々がますます帰依を強め、思想は原理主義へと蒸留されています。

ますます広がる経済格差を目の当たりにした人々の間では、グローバリズムの従属理論的な認識が再び息を吹き返し、中枢への反撃をめざす構想が芽生えてきました。すなわち、貧困の原因が米国によるネオリベラリズムと軍事力をつうじた世界覇権にあり、既存の国際機関をつうじてこのことに対抗する途はふさがれている以上、実力を用いてでも、途上国の貧困をもたらした米国の覇権に抵抗することは正義だ、という考えが頭をもたげはじめたのです。

二〇〇一年九月一一日。世界経済にたいする米国の覇権の象徴である、ニューヨークの世界貿易センター（WTC）に、ムスリムの人々が操縦するジェット機が体当たり攻撃を行いました。

高所得国の政府やマスメディアは、これを「テロ」と呼び、米国のブッシュ大統領は「テロとの戦い」を宣言し、軍事力を動員した「報復戦争」という名の恫喝と抑圧に乗り出しました。

その直後、英米の主要紙に、**新帝国主義** new imperialism を求める記事が載りました。[4]経済が崩壊し、政府がまともに機能していない最貧途上国は**失敗**（破綻）**国家** failed states であり、これらの国々は「テロリスト」の温床となって、グローバルな経済と政治に危険をもたらしているから、一九世紀の帝国主義の時代と同じように、このような国家から政治的な独立を奪って、高所得国が、これらの「失敗国家」をあたかも植民地のように管理統制すべきだ、というのです。

すでに第二章で学んだように、第二次大戦後に起こった第三期のグローバリズムは、諸国に主権国家として政治的に独立することをひとまず許しながら、経済的・政治的手段をつうじてこれらの国々を支配し続けるという新しい帝国主義の形態でした。しかしここに至って、国家主権に対する直接の帝国主義的介入、つまり第二期のグローバリズムへの回帰さえもが、現実的課題として唱えられるようになったのです。

この考え方は、WTC攻撃一年後の、二〇〇二年九月にブッシュ大統領が発表した**アメリカ合衆国国家安全保障戦略** The National Security Strategy of the United States of America にうけつがれました。

この「戦略」は、戦後一貫して続いてきた米国中心の単極世界構造を二一世紀にも引き続き維持することを目標とします。第三章でみた、市場主義が自由と繁栄を世界にもたらすとする市場原理主義への信仰をいぜん語りつつ、他方で、市場主義のグローバル化が世界の貧困を除去し得ていないとする認識を示し、「グローバルな収斂」が、現実の経済過程において破綻したことを事実上認めています。

そして、根強く存在し続ける「失敗国家」、ないしはこの国家安全保障戦略が「弱体国家」と呼ぶ最貧途上国の貧困・脆弱な制度・腐敗は、これらの国々を「テロリストのネットワーク」に冒されやすくする、と指摘します。このような国家の存在が九月一一日のWTCに対する攻撃を引き起こしたとし、「弱体国家」で大量破壊兵器を蓄積するような国は、たとえ主権国家であっても、先制攻撃をかけて政権を打倒することが、「米国への脅威を除去」することにつながる、と「戦略」は主張するのです。

これは、ネオリベラリズムがそのグローバルな展開の中で行き詰り、「弱体国家」ないし「失敗国家」をもはや周辺フォーディズムという餌で米国の覇権のもとに縛り続けることができなくなってぶつかった壁を、世界最大の軍事力で打ち破り、抑え付けようとする考え方です。それにより、米国のグローバルな覇権を二一世紀に向けて貫徹しようというのです。

この「戦略」には、市場原理主義が信奉する「万人の万人に対する闘争」というリバイアサン的な世界観を、国家同士が政治力と軍事力を武器に競争しあうパワーポリティクスにそのまま適用したものという側面があります。ここで予定されている勝者は、いうまでもなく、最も強い軍事力をもち、いくつもの国際機関を牛耳る米国です。

アフガニスタンとイラクに対して米国が行った侵略戦争は、この「国家安全保障戦略」がいち早く実践に移されたものにほかなりません。

米国の外交は、もともと「いかなる国とも恒久的関係を持たない」という**孤立主義** isolationism を特徴としています。米国と他国との結びつきは、「それが今、米国の役に立つか立たないか」というきわめて利己的でプラグマティックな原則に基づいて決定され維持されます。今、ある国が米国と関係が親密であっても、状況が変われば米国はたちどころに背を向けます。日米は同盟の下にある一つの共同体で、米国は未来永劫いつまでも日本のことを慮《おもんぱか》ってくれる、だから万一の有事の際の見返りを考え、アフガニスタンやイラクの戦争で米国に協力しておかなければ、という考えは、米国の外交政策の本質を正しく見ていません。

「国家安全保障戦略」で、米国の、この機能主義的な外交のスタンスが、いっそう明確となりました。米国が自国の使命だと思い込んだ対外政策を実現しようとする際に、米国は、国連など既存の国際組織やパートナーシップをゴミのように捨ててでも、孤立主義を基調に、その場ごとに**有志連合** coalition of the willing を構成し、米国の国益に沿って事態を打開します。

米国は、「大中東構想（Greater Middle East Initiative）」の名の下に、ネオリベラリズムを中東に導入して経済開放を図り貧困の撲滅を図るという煙幕で、石油資源が豊富な中東を支配下におこうとしています。フセイン政権を打倒して、世界第二位の石油埋蔵量をもつといわれるイラクの政府に、中東では初の**PSA**契約を米英系の石油メジャーと締結させ、安価な石油を自由に米国に輸入できるようにしようとねらっていることがうかがえます。

PSAとは、産出した石油の一定部分を資源保有国に引き渡すことと引き換えに、石油を産出する企業に、資源探査の自由と、油田地帯に対し治外法権にちかい強大な権力を与える契約です。しかし、資源の埋蔵量や実際の採掘量に関する情報には、大きな非対称性があり、採掘した企業にしか得られません。資源保有国は、多国籍資本から与えられた情報をおしいただき、涙金程度の配分を受け、あとは資源を持っていかれ放題になりかねません。PSA契約国で産出された石油が市場で価格決定権を握れば、OPECは、石油価格をコントロールできなくなります。イラクを突破口に、中東全域にこのような制度を広め、石油の価格決定権を取り戻そうとする米国の意図が、にじみ出ています。

とはいえ、米国の「国家安全保障戦略」の路線は、米国が侵略を行った各国において決して成功しているとはいえません。それは、現地の民衆の激しい抵抗に直面しているからです。

緒方貞子氏が音頭を取って、日本は米国の傀儡であるカルザイ政権に五億ドルもの血税を援助として供与することにしました。さらに、アフガニスタンの女子教育への貢献という触れ込みで、「教え子を戦場に送るな」どころか、教える側の日本の高校の先生たちが動員され、この国に送り込まれています。カルザイ政権は、米軍の庇護のもとで首都周辺などごくわずかの地域しか実効支配しておらず、間隙を縫って、タリバンが復調をみせ、駐留する米軍やその指揮下の外国軍に攻撃を行っています。首都カブールから一歩でも出れば、そこは、日本の戦国時代のように軍閥が割拠する危険な戦場なのです。

イラクでは、民族構成で多数派を占めるシーア派イスラム教徒が、米軍やその同盟軍と激しい戦闘を演じました。その後イラクで民主的に行われた選挙では、米国の意に必ずしも沿わず、イランとの結びつきが強いシーア派中心の政権が出来上がっています。米国内にもイラク厭戦気分が広がっており、イラクで米国がどれだけ権力を維持できるか、不透明さが強まっています。

こうした、軍事力によってグローバルな覇権を実力で確保する戦略が失敗しても、ベトナム戦後のように、市場主義がこの失敗に救いの手を差し伸べることは、もはやできません。なぜなら、市場がすでに飽和したあと、まさにこれらの問題が起こったのだからです。

そして、覇権を確保するこの戦略は、グローバルにも成功していません。なぜなら、米国がその覇権戦略の転換と強化を目指してたたかったアフガニスタン、イラクの二つの戦争をきっかけとして、米国の一極覇権としてのグローバリズムそれ自体に、大きな疑問と対抗が世界各地で沸き起こりはじめたからです。

（1）関岡英之『拒否できない日本』文藝春秋、二〇〇四年、九二−九三ページ。

（2）前掲書、五八−七三ページ参照。

（3）http://japan.usembassy.gov/j/p/tpj-j20031024d1.html

（4）Martin Wolf, 'The Need for a New Imperialism,' *Financial Times*, October 9, 2001（電子版）

第五章　草の根からの、新しいグローバリズムを求めて

前章までに私たちは、グローバリズムの考え方における三つの類型を座標軸にしながら、グローバリズムとは何か、その本質と歴史、そして現実を学んできました。

前章のおわりでみたように、このグローバリズムは、さまざまの部面で壁にぶつかっています。そこからいま、新しい動きが始まっています。

第一に、グローバルなスケールでは、米国によるネオリベラリズムの制度的な押しつけ、そしてアフガニスタンとイラクへの軍事攻撃が、米国から距離をおこうとする多くの国々を生み出し、世界政治システム多極化への大きな契機をつくりだしました。現在、米国の一極覇権を嫌う国や人々によって、グローバリズムの多極化とリージョナリズムの台頭という、新しい世界政治の空間が編成されつつあります。

よりローカルな空間スケールでは、第一の類型であるネオリベラリズムに対抗し、市場原理主義に対抗するオルタナティブな社会組織の理念を再発見し、実践する試みが、世界各地でなされはじめています。これは、ポランニーが提起した、「互酬」という概念を基盤とするものです。この概念を実際の社会で動かす担い手としてのNGOやNPOの役割を強調する動き、そしてまたインターネット

や格安航空券のような草の根の人々が比較的自由に加われる新たな通信・交通の様式を活用する動きなどがあります。

第三に、こうした新しい動きの中で、地球規模で考え地元で実践する（Think globally and act locally）という、かつてはやったスローガンを乗り越える立場に立って、グローバルな空間スケールをもった新しい社会実践が動きを増しています。これは、地球規模の空間がもつ積極的意義は大いに認めつつ、ネオリベラリズムではなく、また多国籍企業の主導でもなく、互酬の社会原理に立った、草の根からの新しいオルタナティブなグローバリズムを追求しようとする社会運動です。

このような状況の中で、私たち自身はどのように考え、どのように行動したらよいのでしょうか。本章は、本書の結びとして、今日のグローバリズムにかわるべき代替的な世界のありかたについて検討し、将来のグローバリズムへの展望を示すことにしましょう。

1 米国一極覇権の終焉と多極的空間編成をもったグローバリズムへの転換

グローバルな政治空間は、多極化に向かう

二〇〇三年、米・英は、明確な証拠もないまま、イラクのフセイン大統領が「大量破壊兵器」を蓄積し四五分以内に発射できるよう配備しているから、フセイン大統領を打倒し中東の脅威を取り除かなければならない、と叫びはじめました。

そして米国は、英国・スペインなどと「有志連合」を組んでイラクに攻め入りました。米国のオルブライト元国務長官の息のかかったアナン事務総長をいただく国連は、この道理が通らない米国のイラク攻撃を止めることができず、その無力さを世界中にさらしました。

フセイン政権は打倒され、劣化ウラン弾をはじめとする「大量破壊兵器」で、一〇万人ともいわれる罪もないイラク人が虐殺されました。

米・英は、イラク占領後、「大量破壊兵器」をくまなく探しましたが、結局見つかりませんでした。探す場所を間違っていたからです。足元の自分の国をみれば、大量破壊兵器はすぐにたくさん見つかったはずなのですが。

『イソップ物語』に、子羊と狼のたとえ話があります。清水湧く泉のほとりの狼が、下流にいる子羊を食べたくなり、子羊に「水を濁したな」といいんねんをつけます。下流の子羊が上流にいる狼の水を濁せるわけがないとわかると、こんどは「一年前に俺の悪口を言っただろ」となじります。子羊が、私はまだ生後六ヶ月だと答えると、「うるさい！　そんなことはどうでもいい！」と子羊に襲いかかり、食べてしまう、というのです。子羊は、息絶え絶えに「Any excuse will serve a tyrant.（暴君には、どんな言い訳でも理由になる）」とつぶやいた、というお話です。

米国はイラクとの戦争に勝ったように見えます。しかし、このイソップの狼を彷彿とさせるイラクへの軍事攻撃によって、米国が世界を一極支配する道義的な正統性そのものが、大きな疑問にさらされました。

これは、ＥＵや中国などを中心として、新しい世界政治の動きを引き起こすことになりました。米国の軍事攻撃に賛同しなかった国々は、独自の立場をグローバルな政治の中で唱えはじめました。これは、グローバルな一極覇権に、正統性のない戦争を起こしてでもしがみつく米国を相対化し、かつ、国連やWTOなど既存の国際諸機関に依存しすぎずに、グローバルな政治空間の中に新たな影響圏の確保を図るリージョナリズムの動きです。

イラクへの侵略戦争をきっかけに、皮肉なことに、グローバリズムは米国の意に反して多極化の時代に入ったのです。いくつかの主要な極について、検討してみましょう。

EUと欧州統合

こうしたリージョナルな国際組織の中で最も固い結束を示しているのは、まずもって、**欧州連合** European Union, EU を核とした欧州統合です。

一九五二年、ルール工業地帯の石炭と鉄鋼を共同管理する「欧州鉄鋼石炭共同体」が、独・仏・オランダ・ベルギー・ルクセンブルク・イタリアの六ヶ国で設立されました。一九七三年になって、英国が、アイルランド・デンマークとともに当時「欧州共同体」（EC）と呼ばれたこの組織に加盟。その後二次にわたる拡大を経て、一九九三年のマーストリヒト条約で、ECを引き継いでEUが発足しました。

ECがこれまで採った政策は、一九八九年に発表された「社会憲章」、財政の半分近くを占める農産物価格保障など、米国に比べ相対的にネオリベラリズムの色彩が弱く、普遍的人権の思想に根ざしており、その社会諸政策を、共同体の一員である国々の全域にわたって実施してゆこうとする空間的平等主義の色彩がより強くみられました。

このような理念に立って、ＥＵの核である独・仏は、米国が始めたイラク戦争にも、一貫して派兵を拒否しました。特に当時ドイツ首相であったシュレーダーは、ＥＵ選挙でイラク戦争に反対して「欧州は平和のパワー」と演説し、社民党への支持を有権者に訴えて、若年層の支持を集めました。

一九九九年には、欧州共通通貨**ユーロ** Euro がＥＵの一部の国に導入され、欧州は、米ドルを基軸通貨とした米国のグローバルな覇権に対抗する新たな経済的手段を獲得しました。ユーロは、第一次大戦後のハイパーインフレへの反省から慎重な金融政策を採用するドイツ連邦銀行の主導の下に通貨管理がなされており、その信認は年とともに強固となって、米ドルに対する価値を高めています。すでに、ＥＵ以外の諸国も含む欧州・中東の広い範囲で、ユーロが米ドルを駆逐して国際的取引手段・富の蓄蔵手段の地位を獲得しました。モンテネグロやコソボのように、正規に欧州中央銀行と契約しないまま、ユーロを域内取引に使いはじめた地域すらあります。ユーロ加盟国は、次第にシニョレッジ（通貨発行特権）を享受できるようになりました。

二〇〇四年五月には、旧東欧、旧ソ連のバルト三国、ならびに地中海の旧英領植民地であった、計一〇ヶ国がＥＵに加盟し、従来の一五ヶ国から二五ヶ国、面積三九七万平方キロメートルへと一挙に拡大し、欧州を代表する堅固な国際組織に成長しました。いまや、ＥＵ全域の人口は四億五四九〇万人、ＧＤＰは九七兆三一八億ユーロとなり、いずれも米国を上回ります。二〇〇七年に、ルーマニアとブルガリアが加盟することが決まっており、さらに今後旧ソ連のウクライナや旧ユーゴのクロアチアなどの加盟も予想されます。

もちろん、EUも決してネオリベラリズムと新国際分業から無縁ではありません。EUはかつて、西欧先進諸国を中心とし、均質な空間性を目指すクラブでした。しかし、一九九一年のマーストリヒト合意は、EUの内部組織にネオリベラリズムの枠組みをもちこみました。[1] 新たな加盟国には、EUの、市場競争などにかかわる基準が一律に適用され、一国の判断で財と資本取引の規制ができなくなります。

しかも、新規加盟国から従来の加盟国への労働力移動は、七年間にわたり制限されたままです。これにより、中枢の既存加盟国に本拠を置く多国籍企業は、労賃が均等化されない新規加盟国でのコストの低い労働力プールを享受できます。もっとも、新規加盟国相互間では労働力移動が自由となったので、オーストリアやイタリアに近く比較的経済が発達したスロベニアに、立ち遅れたスロバキアから労働力が移動するといったような結節空間化が、新規加盟国の間ですでに進行しています。

ユーロの導入は、EU加盟よりハードルが高く、その条件として、財政赤字を三％に縮減、物価上昇率・金利についても極端な格差がつかないという、経済政策に大きな規律が課せられます。このため、どの新規加盟国もユーロを導入したい並々ならぬ意欲を示しているものの、実現していません。ユーロを導入するための経済政策の転換は、各国内において、さまざまな経済的・社会的な「痛み」をともないます。この「痛み」を和らげるには雇用の拡大が必要と考えられ、現存加盟国からの投資が積極的に推進されるでしょう。

歴史をさかのぼれば、**中欧** Mitteleuropa という呼び名が復活した欧州の旧社会主義諸国は、第一次大戦まで多くがドイツ語圏でした。新規加盟国は、かつてこの地域を支配していたドイツとオーストリアの周辺という性格が、一層強まってゆくでしょう。すでに金融の面では、一九九四年から五年間のあいだに、旧東欧の総資産の過半は外資のコントロールのもとにおかれてしまいました。[2] なかでも、ドイツとオーストリアの多国籍銀行が、リテールにまで強い力を発揮しています。

こうしてEUは、既存加盟国を中枢とし、周辺の新規加盟国を周辺的な位置にすえる、より結節的な空間性を持つ組織へと変容してきています。

リージョナルにすすむこのEUの結節空間化を基盤とし、多国籍企業を自国に持つEUは、米国と対等の関係をもつ国際政治主体として自立しはじめました。しかし、EUが米国のグローバルな覇権へのオルタナティブをめざす対抗軸となるには、なおいくつかの基本的要素が欠けています。

何より問題は、軍事力です。冷戦体制の中で、西欧は、米国が主導する**北大西洋条約機構** North Atlantic Treaty Organisation, NATO に組み込まれ、「鉄のカーテン」をはさんで、ソ連が主導するワルシャワ条約機構諸国と対峙していました。しかし、東西冷戦体制の崩壊により、かつてワルシャワ条約機構に加盟した諸国や、旧ソ連のバルト三国までもがNATOに加盟することになって、NATOは次第に、欧州連合軍という性格を帯びるようになりました。しかし、この軍事同盟でいまなおリーダーシップをにぎるのは米国であり、この状態で、欧州は自立できません。

それゆえ、欧州諸国には、NATOから米国の影響力を極力排除し、欧州の主体的な主導権を確保するという、大きな政治的課題が待ち構えています。この課題についてEUは、欧州安全保障防衛政策（ESDP）という枠組みの中で、「欧州軍」とでも呼ぶべきものの構築を、着々と進めてきました。一九九二年のマーストリヒト条約は、軍事をEUの責務の一つとして明確に位置づけ、一九九九年のヘルシンキ欧州理事会で欧州独自部隊設置が具体的に決められ、二〇〇〇年には、「欧州軍事参謀部」

などが創設されています。このEU独自軍がさらに本格的に整備されれば、米国に対抗しうるもう一つのグローバリズムの極としての欧州は、さらに確固たるものとなりましょう。

第二に、これとも関連しますが、「欧州」という領域の範囲が必ずしも明確でないということです。欧州の自立といっても、その領域的単位は、組織によってまちまちです。EUのメンバー国、ユーロを採用する諸国、そしてNATOの加盟国、これらはすべて別個です。それぞれの組織に加盟する基準も、その基準に対する各国の方針も、バラバラです。これでは欧州としてうまくまとまれません。

例えば、ユーロに加盟したいEU加盟国は多いのですが、ユーロ非加盟国のマクロ経済は、まだユーロ加盟を許す状況に達していません。英国は、マクロ経済には問題がなくとも、大陸ヨーロッパとは異なった政治的・文化的伝統を持ち、かつて国際基軸通貨であった英ポンド、そしてアダム・スミスやイングランド銀行以来の、経済学・経済政策の本流という伝統意識は捨てがたく、ユーロに加わりません。しかも、英国はEUの原加盟国でないため欧州統合の主導権をとりにくいところから、アングロサクソンであり同じ英語国であるという伝統を共有する米国との連携を常に示し、欧州の自立に対し否定的ベクトルをつくりだしています。

また、NATOには加盟しているがEU加盟国ではなく、市民のほとんどがイスラム教徒であるトルコの存在も、問題を複雑にする要因となっています。

第三に、EUの強化が、欧州を第二の覇権勢力にするリスクです。EU諸国はかつて、アジア、アフリカはじめ世界中を侵略して数多くの植民地を支配し、なかには、英・仏・オランダ・デンマーク・スペインのように、いまなお海外で植民地を保持する国があります。また、フランス語圏アフリカのように形式的には独立させても、実質的には独立した旧植民地に強い支配を維持している旧宗主国もあります。「欧州軍」の強化は、こうした地域や、EU周辺の地域に、EUがその覇権的利益を目指して介入するポテンシャルを高めます。

二〇〇五年一〇月にフランスで、警官に追い詰められたムスリムの子供たちが感電死したことに発し、ムスリムの人たちの実力を伴った抗議が燃え広がりました。また、二〇〇五年九月には、デンマークの新聞が、預言者ムハマッドを中傷する漫画を掲載し、二〇〇六年になってムスリムの人たちの抗議は世界に広がりました。これらの事実は、EUの中でもとりわけ、植民地をいまなお全面解放していない諸国が、第二章で述べた第二期の帝国主義的メンタリティーを脱し切れていないことを示しています。こうした傾向は、EUがもつ道義的な国際社会への説得力を減殺し、その国際社会における正統性を弱めてしまうでしょう。

現行のEUは官僚主導の色彩が強く、民主主義的意思決定が必ずしも保障されていません。欧州議会はあっても、それは独立国のような立法機関ではなく、単なる諮問機関にすぎません。このため、経済競争力強化をめざすEU共通の基準によって、各国の民主主義的な意思決定が一方的に阻害され、その産業や社会政策が掘り崩される恐れがあります。ノルウェーのように、それを理由の一つにEU自体に加わらない国すらありますし、欧州憲法に対して「NO」の判断をつきつけた仏・オランダ両国民の判断の根底にも、移民やネオリベラリズム強化の問題と並んで、EU強化が自国の民主主義を損なうのではないかと危惧する市民の意識が横たわっています。

これらの問題を乗り越えるには、EU諸国が植民地主義の過去を真摯に反省して現在の植民地すべての完全独立を認め、加盟国の平等の意思表明に支えられた欧州の均等化というEU創立時の理念をこれからも重視し、草の根の市民に支えられた民主主義的な組織にEUを変革することが、不可欠の課題です。

さらに、国連を舞台とした国際政治の面で乗り越えなければならないハンディは、欧州統合の重要な一翼を担うドイツが、敗戦国であり、安保理常任理事国でなく、国連憲章においていまなお「敵国」と位置づけられていることです。日本、ブラジル、インドとならんでドイツを国連安保理に加えようとするG４提案は、米国や中国などの強い反対でつぶれました。

それゆえ、現状でドイツは、戦勝国・国連常任理事国・核保有国であるフランスと常に緊密な連携を保つことが、国際政治において大きな発言権を持つための基本的条件となります。ドイツをEU統合の方向に突き動かし、欧州でもっとも信認の高い通貨だったドイツマルクを放棄してでもユーロに貢献することを選択させた背景には、敗戦国がおかれざるをえないこうした国際政治上の劣位を抜け出そうとするドイツの志向が、はっきりうかがえます。

BRICs諸国

「BRICs」とは、二〇〇三年に米国のゴールドマンサックスが、領土が広く大量の資源と人口、そして成長のポテンシャルをもつブラジル、ロシア、インド、中国を総称して付けた名称です。末尾のsは、英語の複数形語尾であり、特定の第五の国（例えば南アフリカ共和国）をさすわけではありません。これらの国々は、米国の一極覇権から自立し、自国の周辺を覇権領域として確保して自国がりージョナルな中枢にすわろうとする志向において、共通しています。

かつて存在したソ連の中核であった**ロシア**は、ＣＩＳと名を変えた旧ソ連（バルト三国を除く）を独自の覇権領域として想定しています。ＣＩＳ域内では、依然としてロシア語が事実上共通語で、ソ連時代の計画経済のもとで存在した地域的な産業連関がなお残っています。

ソ連崩壊のあと、一時ロシアは米国流の市場原理主義に傾斜しましたが、それは資源などの面で米国の多国籍資本などと癒着するオリガルヒ（寡頭制）の台頭を生んでしまいました。現在のプーチン大統領は、ＫＧＢ出身という経歴にふさわしく、かなり強権的な手段を用いてロシア国内を統合し、オリガルヒを統制して、資源産業を再び国の手に取り戻し、野放図な市場原理主義の跋扈《ばっこ》にブレーキをかけています。

ロシアはまず、自国の通貨ルーブルを米ドルに連動させるのをやめ、ユーロに七割程度の影響力をもたせてその価値を決めるなど[3]、ＥＵ経済と共通の波長を保とうとしています。

国際政治の面でロシアは、ソ連解体後も国連安保理常任理事国であり、ＮＰＴにより核保有が認められています。冷戦時代に培った途上国や、いぜん共産党が支配している中国との連携を再び活性化する路線を模索しながら、再び国際政治の第三極としての地歩を固める機会をうかがっています。

しかし、ロシアが確保しようとしている覇権領域は、必ずしも安泰とはいえません。とくにＥＵと国境を接する諸国では、今後、ＥＵに加わるかＣＩＳに残るかが大きな選択となります。二〇〇四年秋、ウクライナ大統領選の「不正選挙」問題で生じた混乱には、西部の旧オーストリア領地域を中心に根強いＥＵ志向と、東部・南部の旧ロシア領地域におけるロシアへの統合志向の対立という歴史の底流がにじみ出ていました。アジアの北朝鮮と対比される独裁国家のベラルーシでも、反政府運動が起こり始めました。ロシア国内においても、チェチェン共和国で分離独立運動が激化しており、これが成功すれば、連邦多民族国家ロシアそれ自体の更なる解体へと進むことも否定できません。

中華人民共和国は、東アジア・東南アジア・中央アジアに覇権領域をのばし、リージョナルな大国としての地位を目指す新しい動きを示しています。

中国は、毛沢東時代の一九六〇年代から、「第三世界」の盟主と自らを位置づけ、タザラ鉄道の建設に代表される、アフリカ諸国などへ援助を多く行ってきました。欧州では、戦前は貧しい農業国だったアルバニアの工業化に貢献しています。毛沢東の死後、鄧小平によって市場経済が導入されてから、社会主義のもとで普及した初等教育をすませている大量の低賃金労働力を武器に、グローバルな生産機能を一手に引き受け、一九九〇年代に年率六〜八%の経済成長を達成して、世界中のモノの生産拠点という重要な地歩をグローバル経済に築くことに成功しました。ネオリベラリズムの諸国が投機ギャンブルにうつつを抜かしていても、グローバル経済の社会的分業が破綻しないのは、連日長時間、多国籍企業の工場でしっかりこき使われている中国人労働者のお蔭だともいえます。

政治・経済における中国の覇権領域として、まず、華僑の企業家・金融ネットワークが緻密な東南アジアがあげられます。アジアはアジア人の手で、というリージョナリズムの強調は、東南アジア諸国の支持を集めています。中国はこれら諸国とFTAを締結し、経済的結びつきを強化する一方、日本が米国にいつまでも付き従っていることを問題にして、日本などを国連安保理常任理事国とするG4提案を支持しないよう東南アジア諸国を説得することに成功しました。

さらに、二〇〇一年にはロシア、旧ソ連領の中央アジア四ヶ国（カザフスタン、キルギス、ウズベキスタン、タジキスタン）と**上海協力機構**（SOC）を結成し、各国間の貿易・投資拡大、運輸・通信インフラ整備、天然資源利用などで、[4]関係強化を進めてきました。二〇〇五年一〇月には、これにイラン、インド、パキスタンも準加盟し、米国の覇権を牽制する立場を明確にしています。[5]

この目論見が成功すれば、西はカザフスタンから南はインドネシアにいたる、中国を核とした新しいリージョナルな国家連合ができあがるでしょう。

国際政治の面で中国は、アジアに首都がある唯一の国連安保理常任理事国であり、NPTにより核保有が認められています。この優越な地位を活用し、EUとの関係強化も中国は進めています。二〇〇四年五月のEU拡大直後には温家宝首相がEUを訪問、またEUと連携して米国にGPS（全地球測位システム）の情報管理を独占させないことをめざす戦略をとっています。

米国は、前章で述べた「国家安全保障戦略」において、中国の共産党政権を解体対象と名指ししました。中国はこれに対抗するかのように、軍備拡大を進めています。大陸間弾道ミサイルをもとに開発された「長征」ロケットを使った有人衛星の打ち上げは、二度にわたり成功しました。米国は、こうした中国の軍拡に対し、イラクに対し行った対抗一辺倒でなく、硬軟両様の姿勢を見せています。

その理由の一つは、必要に応じ中国と結びつき、これを政治的に利用する可能性を米国は自分の手に残しておきたいからです。例えば、日本が米国から自立する動きをとり始めたとき、日本を抑え込むため、連携の相手として中国が必要です。最近では、この米中連携が、日本などを国連安保理常任理事国にするG4提案に米国が反対したさいに発動されました。

ユーラシア大陸を離れると、南米の大国で、国連創設期に常任理事国候補となったこともある**ブラジル**の役割も見逃すことができません。

ブラジルでは、社会学者だったカルドーソが政界に進出して財務大臣となり、当時ブラジル経済を苦しめていたハイパーインフレを収束させる「レアル計画」を成功させました。これは、通貨レアルの為替相場を米ドルに固定することを通じて価値を安定させ、輸入品の価格高騰を防ぎ、貧困層をはじめとする市民の購買力を確保するとともに、国内の有効需要を高め、経済を成長軌道に乗せようとする政策です。この成功に乗って、カルドーソは一九九五年から大統領に就任、ネオリベラリズムの経済政策を全面的に推進し始めました。

この政策により、ブラジル経済は外資に対しより開放的になり、同時に、多数の国営・公営企業が民営化されました。海外からの投資を開放することで生産的投資が増えて経済の成長が期待されましたが、外資に関心があったのは、既存のブラジル企業を買収し、あるいは株式市場で短期の投機的利益を得ることでしかありませんでした。二束三文で売りに出されていた民営化対象企業や、破産しかけた銀行は、これら外資の好餌《こうじ》となりました。

外資に買収されるなどして民営化されたもとの国営・公営事業は、市民が期待したように改善されないどころか、三万キロメートルもあるブラジルの鉄道路線で旅客サービスがほとんど廃止されてしまうなど、公共サービスの大幅な衰退が起こりました。

カルドーソ政権は、通貨レアルを米ドルに固定相場で結びつけるため、それを裏付ける資金をさらに海外から誘わなくてはならず、利子率は世界最高に近い水準に引き上げられました。耐え切れなくなって、一九九九年にブラジルは、ついに通貨レアルの変動相場制に移行します。隣国アルゼンチン経済の破綻の噂などから、ブラジルへの資金流入はいっそう細り、二〇〇一年にブラジルはついにIMFから一五〇億ドルの融資と引き換えに緊縮財政を行う構造改革パッケージを受け入れることとなりました。

こうしたなかで二〇〇二年に行われた大統領選挙に、労働者党（PT）からルラ候補が出馬すると、左翼政権の誕生を恐れた外国からの干渉が行われました。一九九七年のアジア通貨危機を演出した投機家のソロスは、「市場は、ブラジルにセハ（政府派大統領候補）を選ぶよう申し渡している。グローバル資本主義においては、ブラジル人ではなくアメリカ人だけが有権者なのだ」と豪語しました。この民主主義に対する内政干渉的な発言は、ブラジル人をかえって怒らせます。[6]二〇〇二年一〇月、ルラは、土地なし農民運動（MST）など貧困層の支持を得て、ネオリベラリスト政権を破り政権につきました。ルラ大統領は、共産党・社会党・緑の党などからなる連立政権を組織し、グローバルな政治のなかで、米国にかなり明確な対抗の動きを示しはじめています。

ネオリベラリズムからの脱却を目指すルラ政権は、日本が一九五〇年代に投資してできた輸入代替型の国家プロジェクトであったウジミナス製鉄所や、戦後に国営軍事産業として国産飛行機を作るため発足したエンブラエール社を輸出産業として強化し、外貨を獲得し失業問題を解決させるという、着実で長期的な産業政策をすすめています。

マネタリズムではなく地道な産業政策を基盤に据えることにより、輸出競争力を強めて貿易黒字を達成し、これにより海外資金への依存を減らし、国内の利子率を下げて、設備投資と耐久消費財需要を高め、経済成長と雇用創出を図り、失業・貧困問題を解決しようというのが、ルラ大統領の基本戦略です。

こうした政策を通じ、周辺のスペイン語諸国にくらべ優勢な工業生産力を南米で確保することに成功したブラジルは、かつてライバルだったアルゼンチンが経済破綻に陥ったのを機に、南米大陸における覇権の確保を図り始めました。米国の覇権下にあるパナマ運河を通行しなくても容易にブラジルがアジアと結びつけるよう、アマゾン川に沿ってペルー経由で太平洋に出る道路・トンネル建設など、南米全体の鉄道・道路による空間統合を強化するプロジェクトが、二〇〇五年に始まっています。

国際政治の部面で、国連常任理事国入りには失敗しましたが、EUの中核国の一つであるフランスの後ろ盾のもとで、BRICs全体をより強く連合させるために尽力しています。例えば、ブラジルは、チベット周辺の領土問題で対立していた中国とインドを和解させています。自国の核施設に国際原子力機関が査察することを拒否し、核開発に外国の介入を認めない姿勢も明確にしました[7]。

インドは、BRICsのもう一つの構成国です。かつて最大の英領植民地だった人口一〇・五億人の大国インドは、独立後ソ連の援助を受けたこともあり、もともと民族資本を重視していました。最近はネオリベラリズムの影響で経済開放を始めていましたが、ここでも、貧困層の支持で国民会議派政権が誕生しました。

英語力を生かして産業基盤を固め、リージョナルには、南アジア地域やインド人移民の多い旧英領アフリカ諸国などにおける覇権的地位をねらっています。国際政治でインドは、中国と友好関係を回復してユーラシアの連合のリーダーの一つとなり、また、EUやブラジルと連合しつつ、インターネットの世界的な管理を米国の手から国際機関に移行させることを要求しています。

このように、ＢＲＩＣｓ諸国は、ＥＵと同様、世界の一極覇権を狙う米国から自立しつつ、それぞれが自らの周囲に覇権領域を確保し、リージョナルなミニブロックの形成を図りはじめました。グローバルには、米国の一極覇権に対抗するゆるやかな政治的まとまりを構成しています。今後、ＢＲＩＣｓ諸国が国際政治に台頭し、ＥＵとともにグローバリズムの多極化を推進してゆくことになるでしょう。

(1) David Harvey, *A Brief History of Neoliberalism*, Oxford: Oxford University Press, 2005, p. 89.
(2) 世界銀行『グローバリゼーションと経済開発』一一四ページ。
(3) 『日本経済新聞』二〇〇四年一一月一八日。
(4) http://www.jetro.go.jp/se/j/russia/ca/pocket/p2001112901.html
(5) 『日本経済新聞』二〇〇五年一〇月二七日。
(6) Sue Branford and Bernardo Kucinski, *Lula and the Workers Party in Brazil*, New York: The New Press, 2003, pp. 83-94.
(7) 『日本経済新聞』二〇〇四年四月二六日。

2　互　酬――市場原理主義の対極にある、代替的な社会組織

このようなグローバルな政治における多極化は、軍事力・政治力をつうじた世界全体の周辺化とい

図４　多様な社会組織の座標平面

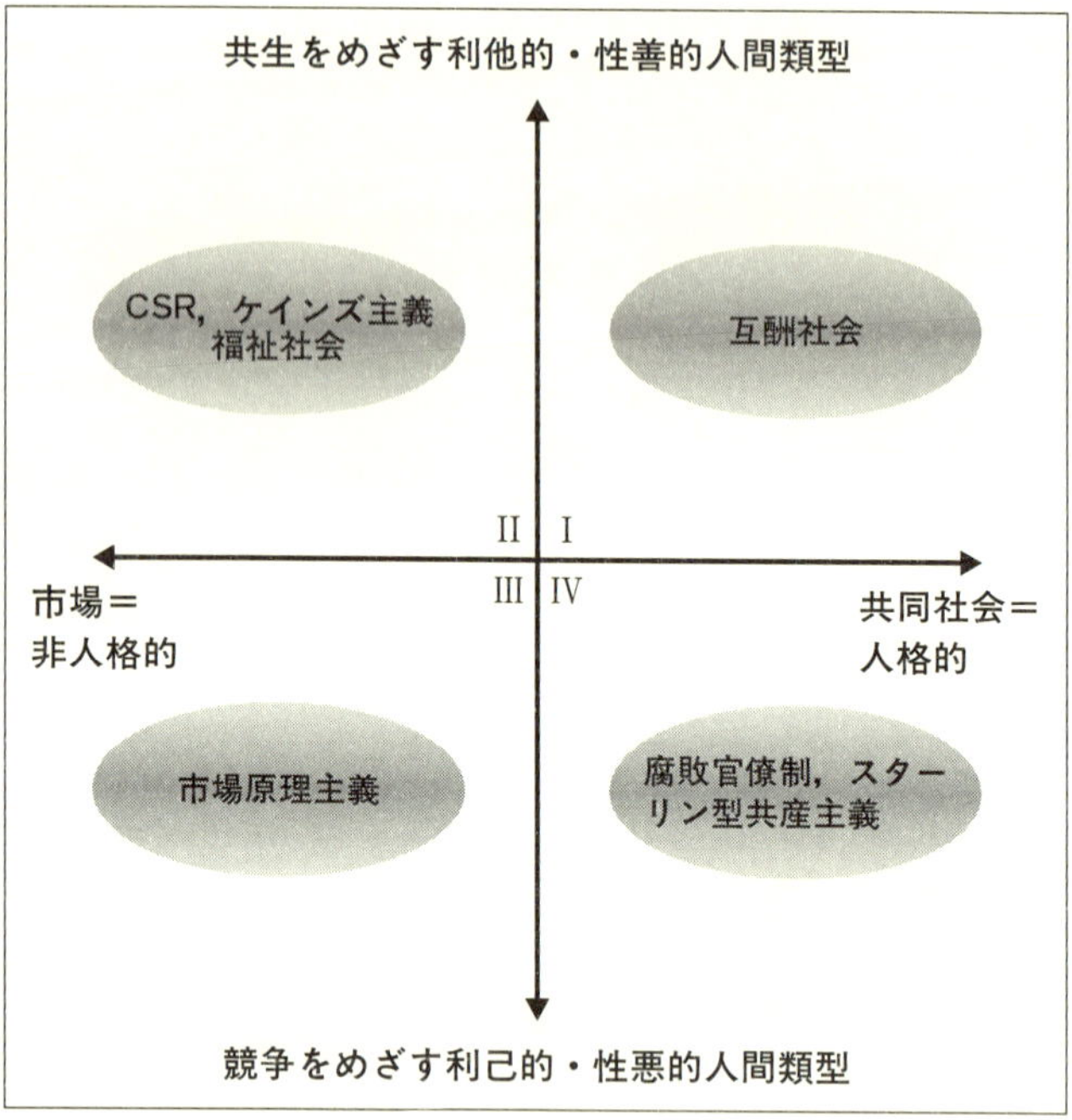

う米国の覇権の意図を挫《くじ》くにはたしかに効果がありますが、リージョナルなミニ覇権とそれへの従属という新たな結節空間を台頭させる負の側面も併せもっています。これを避けるため、私たちは市場原理主義にかわる新たな社会組織に基礎づけられた新しいグローバリズムを目指さなくてはなりません。

ネオリベラリズムのオルタナティブ（代替）は、存在します。それは、市場原理主義の対偶にある、互酬社会の原理です。

図４は、横軸に社会組織そのもののあり方をとり、そして縦軸に社会を構成する個々の人間の類型をとって、座標平面をこしらえたものです。現実の社会組織は、この座標平面の

どこかに位置づけることができます。

逆時計回りに見ますと、第II象限には、市場主義でありながら他者に配慮をもつ組織として、CSR（企業の社会的責任）が強調され義務付けられた社会、「大きな政府」が人々の雇用や福祉の面倒をみるケインズ主義の社会、北欧型の福祉社会などがあてはまります。第三章で詳しく検討した市場原理主義は、第III象限に位置します。そして、人格的な共同体でありながら、人々が利己的に経済的・社会的権益を求めて互いに闘争する社会として、腐敗した官僚制や、スターリン型の共産主義社会が、第IV象限を占めます。

このうち、第III象限にある非人格的な貨幣をめぐる競争を至上とする市場原理主義の対偶に位置するのが、第I象限の互酬社会です。まず、本節では、この互酬社会とはどのようなものか学びましょう。

互酬の共同体

市場の対極にある社会組織として、**互酬** reciprocity があることを指摘したのは、ハンガリー出身の経済人類学者、ポランニーでした。

「互恵」とも訳される互酬の社会は、利他的・性善的類型をもった人間が、市場を経由しないで財の生産・分配を行う経済システムです。

互酬の原理のもとで、人々は生まれながらにして勤勉であり、共同体全体の発展をめざし、自ら進んでボランティアとして労働に汗を流します。

互酬をおこなう目的は、お互いに生産した富を分け合って、共同体構成員全員に平等の物的生活資材と普遍的人権が保障される社会を構築することです。

だからこそ、共同体に困窮した人がいれば、その人に救いの手を差し伸べて生活を向上させるのです。これは共同体全体の責務であり、自分の努力で他者が自分に少しでも近い生活を営めるようになることは、それ自体が喜びです。

この責務を果たそうと、貧しい者に多くを与えた富者は、共同体の責務を自覚した高潔な利他的人格者として、共同体内部での名誉と地位を高めます。

労働を苦痛ととらえる新古典派経済学の前提と異なり、互酬の原理のもとで人々は労働を喜びであり生きがいととらえますから、高所得者に課税して所得再分配を行い、共同体全体の平等を図っても、そのことによって共同体の成長が損なわれることはありません。いわゆる、「効率と公平のトレードオフ」は、そもそも存在しないのです。互酬的共同体の社会は、自らすすんで労働に従事する性善的な人間類型をその基礎においています。

互酬の共同体は、こうした人間類型の人々が自発的に構成するものであり、それゆえあくまで分権的です。

各人が、他の人だけを一方的に利して、自分のほうは貧しくなってしまうということはありません。個々の共同体構成員は、共同体全体が発展すれば、必ずより豊かな生活を享受できます。なぜなら、共同体の指導原理である互酬が、平等な分配によって構成員全員に平等な物的生活資材と普遍的人権が保障されることを常に約束しているからです。共同体の構成員は、安心して利他的行動をとることができ、それにより信頼関係を高めた共同体構成員はいっそうかたく共生します。

互酬的共同体にあるべき、全員に平等に保障される普遍的人権という本質的規範は、どのようなものでしょうか。社会・経済地理学者のハーベイは、国連の人権宣言を参照しながら、グローバルに保障されるべき普遍的人権を次のようにまとめました。

基本的な生存の権利、食糧の保障と基礎的な社会保障が受けられること、政治参加と結社の自由、生産過程において自己の労働を管理する権利、自己の身体の尊厳を守りそれが侵されない権利、思想・良心・宗教の自由ならびに特定の思想や宗教を忌避しそれに抵抗する権利、健康で文化的な生活の権利、環境権、共同体が保有する資源を共同体として管理する権利、将来この世に生まれてくる者の権利（持続可能な環境・社会など）、空間を生産する権利、移動の権利・領域を変更する権利、他と異なった文化・信条をもつ権利、生物種としての人間の権利。(1)

共同体の構成員は、他者が自分と同じ普遍的権利を持たねばならないという規範を常に意識して行動しなくてはなりません。例えば、「他と異なった文化・信条をもつ権利」といっても、他者を侵すことを許す「文化・信条」は、認められません。また、共同体構成員は、救いの手をはじめからあてにして労働を怠ってはいけません。救いをあてにして生きる行為は、他者から一方的に富を奪い取り、他者が自身と同じ「健康で文化的な生活の権利」を享受できなくするからです。

もちろん、なかには、利己的な行動をし、他者を侵して自分だけが生き残るように行動し、共同社会の規律と秩序を乱す人間もいるでしょう。このような利己的な志向をもつ性悪的な人間は、互酬社会を崩壊させるので、共同体は制裁を加え、共同体から退場させます。

このような互酬的共同体は、未開社会に広くその存在が認められています。現代においても、この互酬的共同体を日常の生活の原理としている先住民たちが多くいます。例えば、ブラジルの先住民シャヴァンテ族の人がリオデジャネイロの市場に訪問した時、起こったのは次のような出来事でした。

……市場には、たくさんの果物や野菜が並んでいた。だが、その傍らには、ゴミとして捨てられた食べ物をあさる子供や年寄りもたくさんいた。すると、シャヴァンテ族の人々は私に尋ねた。あなた方は、われわれに贈り物をするほど豊かなのに、どうしてこのような光景を許しておくのか、と。その状況は、彼らに強い衝撃を与えたにちがいない。あるインディオなどは、私たちが贈り物として与えたシャツを、執拗に見知らぬ労働者に渡そうとするありさまであった。(2)

このような互酬的共同体こそ、人類が発生して以来長い間、私たちが存在の原理としてきた社会組織であり、人間の本性により合致しているのです。

これに対し、市場原理主義はどうでしょうか。第三章で学んだように、その社会組織は非人格的であり、性悪的人間観にたっています。

人々は互いに利己的に競争します。相手を騙してでも競争に勝ち、他者からできるだけ多くを奪い、支配しようとします。労働は苦痛であり、人々はできるだけこの苦痛から逃れようとする怠け者です。それゆえ、この苦痛を人々に強制するため「怠けているとみじめな負け組になるぞ」という恫喝のムチが絶えずあてられます。このムチで、多くの人々はますます疲れ、苦しみます。負け組となると、からです。

「見えざる手」によって市場から退場を迫られるという、市場原理主義のもとでの制裁が待っている

互酬社会をどのようにめざすか――教育と社会運動の部面で行われる綱引き

一方で市場、他方で互酬という二つの根本的に異なった社会組織の原理を両極に持つ座標平面において、市場原理主義がめざす「構造改革」は、社会を非人格的な市場という極に、そして個人を利己的な人間類型という極に強く引き寄せようとするベクトルだといえます。

このことから、オルタナティブなグローバリズムが目指さなければならない方向性が自ずと明らかになります。社会を人格的な共同社会という極に、そして個人を利他的で共生を目指す性善的人間類型という極に強く引き寄せるベクトルを追求すればよいのです。すなわち、改革は、①市場を去って共同体に向かう社会のベクトル、②利己的・競争的動機を去って、利他的・共生的動機に向かう個人のベクトル、という二つの部面で取り組まれる必要があります。

第一に、市場から共同体へという社会のベクトルについて考えましょう。ここではまず、ネオリベラリズムのもとで巷にあふれている、利己的な市場競争を至上とみる日常意識が虚構であることを、各人が主体的に認識しなくてはなりません。その上で、市場の非人格的な関係が支配する社会領域をできるだけ縮小して、市場が実は人格的な政治・社会関係を必要とするというパラドクスをテコとしながら、市場の領域を、共同社会の領域で代替するような組織の変革を行うのです。これにより、経済社会の組織原理を市場から共同体へとシフトさせてゆくことが可能になります。

第二に、個人の部面では、市場原理主義が強硬に否定する人間の本性である、性善説的な人間の価値と利他的な行為の様式を取り戻すことが目標になります。そのためにまず重要なのは、初等・中等教育です。ここで、児童と生徒に、競争ではなく利他的で共生をめざす人格が陶冶されなくてはなりません。これは、イスラム教など宗教の教義にもとづく学校ですでに部分的に行われています。そして、共同体の利益・成長がとりもなおさず自己の利益・成長である社会が、分配の平等という社会的担保のうえに成り立ちうるという認識を身につけさせる必要があります。これが行きわたれば、「モラルハザード」を阻止するための管理的な国家装置もいらなくなるのです。

この人間類型を自覚的に持つ人々が増えれば、市場で利己的な行動をとりつづける多国籍企業や覇権的国家などに対抗する自発的行動も高まるでしょう。貧困者・病弱者など社会的弱者を救済する福祉活動、空間的平等を図るインフラ整備、多国籍企業などによる利潤本位の利己的活動の告発、などの社会運動は、こうした教育改革への要求と一体となって取り組まれるべきです。小学校教育に「起業家プログラム」を導入するなど、とんでもないことです。

オルタナティブな新しい経済社会を求める私たちが、ネオリベラリズムと綱引きしながら、それとは一八〇度逆の、互酬の方向へと個人と社会を引き寄せてゆくことにより、世界の人々に平等な普遍的人権が確保された、正義あるグローバリズムが実現するのです。

経済・社会のなかで、共同社会の要素を強めてゆく構造改革

現実に存在する社会は、つねに、市場と非市場的な社会との混成物です。第三章でみたように、純

粋な市場のみから構成される市場原理主義の社会は、本来成り立ちません。ネオリベラリズムは、この混成物としての社会を、市場の原理で蒸留してゆこうとする試みでした。従来共同社会により担われていたものを市場で代替する「改革」を加えて、社会のあらゆる部面に市場を持ち込みました。

しかし、混成物としての社会の中により多く市場をもちこむ「構造改革」が可能であれば、逆に、社会において利他的共同体の要素を強調し、市場で担われているものを共同体に徐々におきかえて、社会のすみずみまで互酬を行きわたらせるという「構造改革」も、可能なはずです。

その実例が、市場競争の頂点にあると思われがちな米国のシリコンバレーの社会にあります。それは、次のリポートが示すように、みごとな互酬の原理によって成り立っているのです。

頻繁に最新技術やビジネスに関して、テーマを絞ったワークショップが至る所で行われ、……そこでは談論風発、活発な議論が行われ、終われば終わったであちこちで小さな輪ができて議論が続けられる。彼らはそこで友達の友達は友達だという形で、知己を得て互いの能力を知り、仲間意識を持ち、人的ネットワークを増殖していく。シリコンバレーのコミュニティをともに形成しているという「仲間意識」は強いが、決して閉鎖的ではない。実力さえあればインド人でも中国人でも仲間になれる。しかし、同時にコミュニティを形成する者の間には、「信頼の掟」が存在する。契約社会であるアメリカにおいて、知的所有権や企業秘密の問題などから技術やビジネスを自由闊達に議論をすることは決して容易ではない。シリコンバレーにおいては、人を騙す、不正確な情報を流すということになれば、あっという間に悪い評判が立って二度とコミュニティに参加できない。そうした制裁があるからこそ、コミュニティの参加者は、踏み込んでオープンな議論ができる……。こうした信頼のネットワークの中で、技術や事業化の議論が闘わされ、いけそうだということになれば、自然発生的なタスクフォースができるかのような形で、優れた技術を持つ研究者に経営人材が供給され、リスクマネーがファイナンスされてベンチャーが立ち上がる。この信頼のネットワークは相互扶助のネットワークでもある。仮に失敗しても不誠実なことさえしていなければ、「彼は○○分野のエキスパートだ」と言われて、大学に戻ったり、新たなベンチャー企業や大企業に採用されるといった形で人生の敗北者にはならない。(3) つまりベンチャーの事業リスクと個人のキャリアに係わるリスクは、コミュニティ全体で吸収されている。……

この、シリコンバレーですでに行われている社会組織では、共同体を志向しつつも、構成主体の行動はあくまで分権的です。「信頼の掟」を守れる性善的類型の人間が社会を構成すれば、国内でもグローバルなスケールでも、このような互酬が社会の主要な組織原理になれるのです。

互酬社会の空間編成——空間的平等と総有的空間の実現

市場原理主義は、市場をささえるため、それにふさわしい空間編成を求めます。その独立した原子的経済人という前提は、空間を含むあらゆるものを私的所有物とすることを要求します。その結果、空間のひろがりは有界化されてばらばらに分断され、多国籍企業は、グローバルに賦存する資源を囲い込んで私物化し、都合よいようにつまみ食い的に利用してゆきます。

市場原理主義者は、空間の共有を、個々人による共有資源の利己的な乱獲とそれによる資源枯渇というコモンズの悲劇 tragedy of commons を招くとして認めません。そして、共有地（コモンズ）を、個々の経済主体が囲いこんでモザイクのように私有化することを主張します。社会主義が崩壊し市場主義が導入されたモンゴルでは、かつての遊牧社会の時代にも社会主義時代にもなかった、土地の私有化を実現する法体系整備のプロジェクトが、こともあろうに日本の名古屋大学の協力で現在すすんでおり、遊牧民の生活が脅かされています。また、伝統的社会を持つ途上国では、強固な地主制があり、それは植民地時代に、富の収奪のため宗主国によって近代的所有権として固定化されて、小作人が畑で汗水たらして育てた作物の大きな部分が地主に持っていかれ、小作人は貧困なままの状態に置かれています。

これに対し、互酬社会は、グローバルな空間において、誰がどこに住んでいても平等に生活できる、空間的均等性を確保することをめざします。そして、ハーベイが普遍的人権の要件について「共同体が保有する資源を共同体として管理する権利」と述べるとおり、空間を私有化するのではなく、**入会地** commons のように共同社会が所有し管理して、そこで誰でも使える公共サービスが全面的に展開することをめざします。地主制は廃止し、ブラジルの土地なし農民運動（ＭＳＴ）の理念にみられるように、土地は社会的な共有物と位置づけた上で、実際に耕作している人の占有権を認めます。これを、空間の**総有** Gemeineigentum といいます(4)。

地球規模での二酸化炭素増大によって今後の激化が予想される温暖化問題をみてもわかるとおり、グローバルな環境は連続しています。グローバルな空間で持続性ある環境をつくるには、空間が総有され、有効に管理されることが大切です。ところが、京都議定書を批准せず、地球温暖化問題で率先して「コモンズの悲劇」を実践しているのが、米国と中国です。ここで、次節で述べるグリーンピースのようなグローバルなスケールにおいて環境の総有をとりもどそうとするＮＧＯの活動が重要性を増します。

より狭い空間スケールである都市においても、総有を目指す課題は重要です。都市への激しい経済・社会諸機能の集積は、近代市民社会の登場とともに起こりました。都市は、市場原理主義にとっても重要な空間的基盤です。ところが、ネオリベラリズムが、土地を含むあらゆるものの私的所有を強調すればするほど、都市空間としての公共性と統一性は失われてしまいます。すなわち、私的所有を称揚するネオリベラリズムが、同時に、その活動の空間的基盤をほりくずしていくのです。

このように、近代都市は、市場主義により私的に仕切られた空間と、都市が本来もたねばならないシステムとしての総有性という矛盾をかかえています。この矛盾の制度的な表明こそ、市場社会という枠の中で発揮される共同性としての**都市計画** urban planning にほかなりません。

しかし、ネオリベラリズムのもとでの都市計画は、十分に正義あるものとして機能しません。むしろ、もっともらしい理由をつけてなされる恣意的な規制緩和と強化により、寡占的なデベロッパーなどの利益が最大限に保障されます。共同体の生活の場として、都市をできるだけ均等性を持つ住みよい空間にしてゆくには、土地公有と都市空間の総有という発想に根ざした、都市づくりにかかわる根本的な発想の転換が不可欠です。

覇権が及ばない「はぐれた空間」の役割

草の根からオルタナティブな経済・社会をグローバルに展開しようとする場合、やはりその活動の結節点が必要です。

覇権的なグローバリズムを推し進める側は、それに取って代わる別のグローバリズムの生成を警戒しますから、こうした拠点が作り出されないように、まだグローバリズムに取り込まれていない空間をできる限り自らの管理下に置こうとします。このため、その支配の論理を貫徹させようと、偵察衛星や監視カメラなどさまざまな技術によって、グローバルな空間の隅々まで監視を強めます。

したがって、草の根の側は、そのグローバルな運動の結節点を築くため、覇権的な勢力に管理され支配されない拠点を自らどこかに確保しなくてはなりません。そのためには、管理が行き届かない「はぐれた空間」ないし「放し飼いの空間」(stray space) を探し出し、そこを自分たちの領域として囲い込む空間戦略が有効です。

いったんこのような拠点がしっかり確立すれば、そこを結節点として、グローバルな空間統合手段を用い、全地球に連続的に広がる空間において、ネオリベラリズムのグローバリズムと対峙してゆく糸口が開けてきます。

互酬的なグローバリズムにも、領域の階層体系がありうるでしょう。しかし、これが周辺の従属を強いる覇権の手段とならないためには、下部の領域が、上位の領域を自発的な連合体として作り上げることが必要です。そのためには、覇権的なグローバリズムが一方的に仕切った空間の境界を草の根の人々の意思で乗り越え、新しい独自の連続性を築くことも必要となるでしょう。

草の根の側が、新しい空間的連続性の基盤の上に、「はぐれた空間」を活動拠点として、互酬社会を支える新しいグローバルな空間を編成すること。これが、いま、強く求められています。

（1） David Harvey, *Spaces of Hope*, Edinburgh University Press, 2000, pp. 248-252.
（2）『ヴェジャ』一九七三年五月二三日号。シッコ・アレンカール他著『ブラジルの歴史』鈴木茂他訳、明石書店、二五ページより引用。
（3） 石黒憲彦（経済産業省経済産業政策局産業構造課長）「シリコンバレーモデルの本質」http://bizplus.nikkei.co.jp/colm/colCh.cfm?i＝t_ishiguro03
（4） 空間的不均等の生産過程を解明し、また空間的不均等の解消と総有の実現をめざす展望を明確にするため、経済地理学の理論的な役割が重要です。海外では**批判地理学国際集団**International Critical Geography Group, ICGG などが、ネオリベラリズムや帝国主義を批判的検討の俎上に明示的にのせつつ、積極的な貢献をしています。しかし、日本の「経済地理学会」では、人間に頭や手足があるのと同様に、国土空間の地域的不均等は当然で、これを問題にすること自体が無意味だと唱える「地域構造論」という考え方（矢田俊文「地域的不均等論批判」『一橋論叢』七九巻一号、一九七八年）が権勢をふるい、これについて自由な論争すら起こらない状況です。ネオリベラリズムに対抗する社会正義実現と代替的なグローバリズムをめざす研究において、硬直化した日本の学会はまったく立ち遅れてしまいました。

3 グローバリズムは、われわれにとっても利益になる

このように、今日のグローバリズムが抱える問題を解決するため基本的な戦略は、ネオリベラリズムのグローバリズムを改革して、より互酬的なグローバリズムをめざすことです。社会組織のあり方

は変わりますが、グローバルという空間スケールは変わりません。グローバリズムというのは、あくまで空間スケールにかかわることがらです。これに対し、ネオリベラリズムは、経済・社会組織です。本来、両者は別のものであり、混同しないよう注意しないといけません。

ところが、これまでのグローバリズム批判の中には、いわゆる「反グローバリズム」という傾向がありました。すなわち、グローバルに絶望した人々が、グローバルという空間スケールそのものを捨てて、ローカルの狭い空間に逆戻りしようとしたのです。この考え方は、第一章で学んだ従属理論が唱える途上国の貧困解決策と共通の根を持ちます。すなわち、ローカルがグローバルから手を切って自立的な経済・社会の領域を作れば経済発展が実現し、貧困や地域問題から脱却できるとする考え方です。

しかし、グローバルとローカルとは、このように対立的なものでしょうか。グローバルとは、本当に否定されるべきものでしょうか。この点は重要なので、節をあらため、「反グローバリズム」の主張について、検討してみることにしましょう。

グローバリズムへの対抗として、なぜローカルが強調されるか？

グローバルという空間スケールそのものを否定し、経済・社会の活動をローカルへと分断し細分化することが対抗になるという主張には、どのような論拠があるでしょうか。

まず、グローバルは覇権国家や多国籍企業が支配する空間スケールであり、それとかかわりを持つ限り、覇権や不等価な交易にさらされるから、ローカルな経済・社会をつくって鎖国のようにこれを封鎖し、出来るだけ外部と関係を持たないようにすれば、これらから逃れられるはずだ、という考え方です。これは、第一章で学んだ従属理論で主張されました。

次に、グローバルな空間スケールでは人格的な対面接触が物理的に困難で、共同体的な信頼関係を維持することは難しいが、ローカルの空間スケールなら、構成員同士の人格的な接触が可能になるから、ネオリベラリズムの疎外された社会関係を克服し共同体を構築できるはずだ、とする考えがあります。これと類似のものとして、空間的に狭い範囲にある共同体ですと、人数も比較的少なく、人々は直接民主主義的な意思決定のプロセスに参与しやすくなるので、民主主義を促進するにはグローバルではなくローカルを強調することが望ましい、とする考え方もあります。

さらに、ローカルな空間スケールでは、生産・生活の基盤をなしている自分の身の回りの環境や資源を人々は大切にし、持続的に使おうとするから、地球にやさしいローカルに優位性がある、とする考え方がみられます。

以上をまとめると、グローバルな覇権勢力の排除・共同体の生産・民主主義の確立・環境保護などという目的は、いずれも、経済・社会をローカルな狭い空間スケールで営むことによって実現しやすくなる、という主張になります。

ローカルへの退却は、グローバリズムへの有効な対抗となりうるか？

では、ある社会集団が、このような考え方にたってローカルな空間スケールで利他的共同体を組織したとき、このローカルな領域の上にあった、国家であれ、ＥＵのようなリージョナルな国家連合であれ、高次の領域は、突然消えてなくなるのでしょうか。

そのようなことは、もちろんありません。草の根の人々がローカルに退却したあとでも、それより高次の空間スケールを支配する国家や国家連合は健在です。それがローカルの上に覆いかぶさって、さまざまの法律や経済制度を通じてローカルに覇権を及ぼし、管理と支配を行い続けるでしょう。

また、より大きく広い空間的自由を有する多国籍企業や覇権勢力は、厳しい環境規制などが行われている都市や地域を避け、自らに都合がよいところに投資を行う**空間的回避** spatial fix の行動をいっそう激しくとるでしょう。

社会運動は空間的に分断され、グローバルな空間スケールに広がる、ネオリベラリズムの覇権はますます強力になります。これでは、はじめから不戦敗も同然といわねばなりません。

すでに学んだように、今日のグローバリズムがかかえる問題には、市場原理主義ならびにネオリベラリズムという、イデオロギーと制度自体が関わっています。グローバルからローカルへと空間スケールを縮小し、ローカルに自分たちを押し込めてしまっただけでは、これらの問題のほとんどは解決されないままです。

むしろ、ローカルのみを一面的に強調しすぎると、そのローカルの外部にあるものすべて悪で、内部はすべて善だという、単純な二分法に陥りがちです。こうなると、ローカルなスケール内部での搾取や抑圧、あるいはネオリベラリズムすらもが、見逃されるようになってしまいかねません。

多国籍企業の事業空間、そして米国を中枢とする覇権の行為空間がグローバルに広がっている以上、草の根の人々の側もまた、グローバル到達範囲をもって市場原理主義のグローバリズムに対抗し、多国籍企業や覇権国の空間的回避を許さないようにしなくてはなりません。

市場原理主義ではなく互酬的な「オルタナティブ・グローバリズム」

グローバルな到達範囲をもつ支配的な主体に対しては、草の根にいる者もまた、グローバルな到達範囲をもって考え、そして行動する必要があります。

そこで浮かび上がるのは、ローカルに退却するのではなく、グローバルという同じ空間スケールをもった舞台の中で、互酬のグローバリズムをめざす戦略です。

グローバリズムを受け入れることは、決してネオリベラリズムを受け入れることと同義ではありません。グローバルな空間スケールは、ネオリベラリズムの独占物ではありません。市場原理主義ではない社会組織、すなわち利他的類型をもつ人間が共同体で共生するグローバリズムもありうるのです。

われわれが究極的に追求すべきは、利他的人間が分権的に結びついて構成されるグローバルな経済・社会の共同体です。市場原理主義と対峙しつつグローバルに互酬の原理を浸透させてゆく運動をすすめるその究極に存在する、新しいグローバリズムです。

このような新しい世界をめざす動きは、**オルタナティブ・グローバリズム** alternative globalism、あるいはオルタ―・グローバリズムとして、いま人々の強い関心を呼びはじめています。

このような目標をもってグローバルな活動をしているNGOとして、世界には、前節に述べたグリーンピースのほか、一九七一年にフランスで結成され、人種、宗教、思想の違いを乗り越え、国を問わず緊急出動して医療援助を行い、一九九九年のノーベル平和賞を受賞した「国境なき医師団（MS

ルかローカルかという二元論に陥る必要は、もはやありません。

われわれがこのようにオルタナティブなグローバリズムを目指す対抗軸を明確にすれば、グローバルな投機資本の動きを規制し、最貧途上国の貧困を救う資金を獲得するための「トービン税」を要求し続ける「アタック（ＡＴＴＡＣ）」など、多数のものがあります。

F)」、グローバルな投機資本の動きを規制し、最貧途上国の貧困を救う資金を獲得するための「トー

草の根に空間統合をつくりだす、インターネットの積極的役割

オルタナティブなグローバリズムを確立するためには、遠距離であっても、対面接触ないしそれに近い人格性のある社会関係を世界の人々同士が連帯できるような、グローバルな空間的連続性をつくりださなくてはなりません。そのために、グローバル化を推進した空間統合技術が、積極的役割を演じます。

なかでも重要なのは、コンピュータネットワークを草の根の市民に提供してその社会的力量をつけさせよう（empower）と、米西海岸のラディカルなコンピュータ技術者たちが一九七〇年代初めにはじめた、コンピュータ通信です。一九六〇年代末には、社会主義国に対抗するための分散型コンピュータネットワークとして米国防総省の肝いりでインターネットが開発されていました。これとコンピューター通信とが結びついたところに、情報伝達システムであるＴＣＰ／ＩＰ、ウエブページ作成言語のＨＴＭＬ、ウエブページを閲覧するためのブラウザ、そしてパソコンを画面上のクリックで誰でも容易に使える情報機器にしたＧＵＩ技術などが開発されてゆきました。

こうしてインターネットは、約一〇年というわずかな時間のスパンで、どのような政治的立場の人

も受け入れる、グローバルな共同体形成の容器となったのです。一九九九年に米国のシアトルで開催されたWTO大会での抗議活動のように、特定の政党や団体が組織しなくとも、インターネットを経由し、ばらばらの個人が一つの目的のため共同行動できる状況が作りだされました。日本最大のインターネット掲示板である「2ちゃんねる」は、そこに共通のシンボルや言葉遣いがあって、一つの共同社会を形成しています。「2ちゃんねる」の書き込みをもとにまとめられた韓国に関するコミック本は、日本のマスコミがほぼ完璧に無視したにもかかわらず、三〇万部を超えるベストセラーとなってしまいました。

第三章四節で学んだように、インターネットのサイバー空間は有界化がむずかしいので、膨大な情報のほとんどが無償で提供されざるを得ません。世界的なウェブ百科事典である**ウィキペディア**Wikipedia は、多数の匿名の人が項目ごとの解説をネット上に投稿し、そして誰でもそれを自由に編集できるシステムです。原稿料はまったく支払われませんが、そこには、貨幣を得ることによってではなく、多くの他人に役立ったことによって喜びを感じる利他的なボランティア執筆者が、現実に多数集まっています。市場がなくても情報という資源が生産され配分されるグローバルな共同社会は、すでにサイバー空間で現実となっているのです。

インターネットというと、しばしば、パソコンを購入できない、高い料金を払わないとプロバイダと契約できないなどの理由で途上国の人々がグローバルな情報交流から疎外される「ディジタルディバイド」という問題が指摘されます。こうした事実が皆無なわけではありません。とくに、電源や電話回線のない途上国の農村で、この問題は致命的です。しかし、途上国すべてがデジタルディバイドで不利な立場におかれているわけではありません。近年はネットカフェが途上国の都市の街角に林立し、そこでは低廉な価格で、多くの人々がインターネットのコミュニケーションに参加しています。

インターネットの他にも、グローバルな空間統合のためさまざまの技術が開発されてきました。例えば、格安航空券や低料金になった国際電話などは、草の根の人々にグローバルな連続性を与え、社会的な力量を与える新しい物的基盤を提供しています。

このような空間統合技術を積極的に活用すれば、草の根の市民は、たとえ距離が離れていても、人格的な関係を結び、グローバルなコミュニティを構築することができるでしょう。

4　オルタナティブ・グローバリズムをめざす戦略

ネオリベラリズムがますます遠くに追いやってしまった互酬のグローバリズムの実現を究極の目標にすえるとき、さまざまの社会運動やボランティア組織のグローバルな盛り上がりが重要になります。これらについて検討し、オルタナティブなグローバリズムをめざす戦略を考えてみることにしましょう。

NGOとNPO

一八世紀末、産業革命が起こり、資本主義経済が急速な発展をみた英国では、労働力が市場で取引されるようになり、女性や児童を長時間酷使するような激しい搾取を行う工場が林立して、労働者の健康と人権を蝕んでゆきました。これに心を痛め、なんとか状況を改善しようとする人々のさまざまな試みが、これとほぼ同時に始まりました。

なかでも著名なのは、ロバート・オーウェンが、一八〇〇年から一八二九年まで、スコットランドのニュー・ラナークで行った、理想の紡績生産コミュニティをめざす実践です。オーウェンは、女性労働者を住み心地よい寄宿舎に入れ、教育を施し、余暇にはダンスなどを楽しませて、労働者の品性涵養を図りました。この経験に基づいてオーウェンは、このころ英国領の貧困地域だったアイルランドに共同体集落を建設して貧困問題を解決する、詳細なプランをたてるなどしました。オーウェンの実践の跡は、今日、ユネスコの世界遺産として、歴史にはっきり刻まれています[1]。

私たちにもっとも身近な利他的組織は、大学や地域にある生活協同組合でしょう。生協は、組合員の相互扶助により、よりよい消費生活を送る目的を持つ共同体組織として、一八四四年、当時英国最大の紡績工業都市だったマンチェスター近郊のロッチデールで「公正開拓者組合」として発足しました。相互扶助の理念で組織されたこの組合は、株式会社のように出資額に応じて投票権を持つのではなく、組合員に平等な出資金と「一人一票」「加入脱退の自由」「一人がみんなのために、みんなが一人のために」という運営原則で成り立っていました。今日でも生協は、この原則を保持し、大企業による有害な生産物供給への抗議や、「コープ神戸」が行った阪神大震災でのボランティア救援活動など、さまざまの社会貢献を行っています。

生協は基本的にローカルな存在ですが、ＮＧＯ non-governmental organisation についてみると、グローバルな空間的広がりをもって活動し、同じ空間スケールで事業所ネットワークを展開する多国籍企業の規制に効果を挙げている組織が多数存在します。

多国籍企業は、環境や労働基準などの規制がゆるい途上国に工場を進出させ、そこで環境破壊を顧みずに汚染物質を排出したり、劣悪な条件で労働者を雇用したりして、コスト削減を図る行動をとりがちです。これに対し、途上国の側では多国籍企業の行動に規制を加える政策が必要となりますが、一国だけでこれを行えば、多国籍企業の側に「投資環境が悪化した」と判断され、資本が流出して、雇用機会が失われることが危惧されます。このような多国籍企業による空間的回避の行動を阻止するため、グローバルな到達範囲を持つNGOの役割が極めて重要です。例えば、グリーンピースは、グローバルに共通の基準で環境を管理することを要求し、時に実力の行使も伴いながら、国をまたにかけた多国籍企業の野放図な行動の規制に大きな力を及ぼしてきました。

NGOは、ローカルにも活動します。これらは一般に、途上国の都市や村落で、地元の人々に対し、教育機会提供・医療・技能訓練・農業技術改良・小作農民の土地確保など、貧困など生活問題を解決するさまざまの目的で組織されます。多くのNGOは、これらを複合的に行い、途上国村落の人々に経済的・社会的な力をつけさせる（empower）とともに、共同体の結束の強化を図っています。

オルタナティブなグローバリズムを志向するNPOやNGOをもっとも大規模に取りまとめているのは、スイスのダボスで開かれている「世界経済フォーラム」に対抗し、二〇〇一年にブラジルのポルトアレグレで第一回が開催された**世界社会フォーラム** World Social Forum でしょう。そこに集まっている組織は、世界中の人々の「生活の権利」「生存への参入」、そして投機資金のグローバルな跳梁

への社会的規制、土地なし農民が土地を獲得する運動など、きわめて多様な要求や運動形態で活動しています。(2)

NGOとODA

ODA（official development assistance, 政府開発援助）は、国家の政治のレベルにおいて利他的理念をはらんで資金がやりとりされている、もっとも顕著な例です。

日本は一九五八年にインドに対し円借款を開始、一九六九年には無償資金協力を始めました。一九八九年には世界一のODA実績となり、その後も、一九九〇年を除きODAの額は一貫して世界一でした。二〇〇四年度の供与額は八一六九億円となっています。(3)

しかし、単に金を出せばよいというものでは、もちろんありません。巨額のODAは、利他的動機のみによるものではなく、供与国の国際戦略や、意思決定にかかわる官僚・議員・外交官などの利権としばしば結びついています。

日本の場合、ODA資金は、一般に途上国政府に流れ、インフラ整備などに使われます。そのとき、その国に利権をもつ議員や外交官が介入することがあります。二〇〇一年に東京で開催された「アフガニスタン復興NGO東京会議」において、鈴木宗男議員が恫喝を加えてNGOを締め出す動きが表面化し、日本のODAの特異な性格を露呈しました。かつて米国も、途上国の腐敗した親米傀儡政権を維持するために、大量の援助を流していました。

最近、欧米の政府が、ODA資金を途上国の官僚組織に渡して思うまま使用させるのではなく、途上国政府の了解の下に、その国で活動するＮＧＯに直接流す方式をとり始めているのは、これを避けるためです。ＮＧＯの活動を組み入れた包括的な開発プロジェクトを援助国が途上国政府と共同で作り、それに対して計画的なＯＤＡ供与を行う方式も、欧米諸国では一般的となっています。しかし日本では、こうしたＯＤＡとＮＧＯとの結びつきは、ＪＩＣＡ（国際協力機構）の「草の根無償援助」として行われている以外、あまり進んでいません。

ただし、空間的平等の観点からは、手放しでＮＧＯに任せてしまうことに問題がないわけではありません。なぜなら、ＮＧＯ組織は自主的に活動場所を決めるので、ＮＧＯが活動しているところでは貧困克服の成果があがっても、ＮＧＯが活動しない場所の人々は放置されたままとなるからです。

また、ＮＧＯが全体をとらえず、個別的なテーマごとに活動していることも問題です。例えばあるＮＧＯが児童労働の廃止のみを要求し続け、児童に勉強させるべきだとして工場から追い出せば、所得の道を失った途上国の家族は、子供を性的産業のようなさらに悪いところに送らざるを得なくなるかもしれません。(4)

このようなことが起こらないよう、ＮＧＯの活動がない場所にも、より包括的なパースペクティブをもつ政府ないしは何らかの国際機関が責任をもって、貧困克服のため十分な対応をとる必要があります。

ネオリベラリズムにからめとられるＮＧＯ

もともと利他的共同体原理に立つはずのＮＧＯやＮＰＯですが、これらの組織自身が、第二節で学んだ座標平面において第Ⅰ象限から第Ⅲ象限にシフトし、むしろ市場原理主義の尖兵として機能する場合も現れています。

その典型的な例は、**マイクロクレジット**（microcredit, 小規模金融、マイクロファイナンス）という、貧困な女性の農民に資金を融資して起業させ、それを返済させる、バングラデシュのユヌスが始めた運動です。[5]

貧困な農民に融資して自由に使える資金を提供するのは、一見人々を貧困から解放する利他的行為のように見えるかもしれません。まして女性は、社会から疎外されてきたので、融資を受ける機会はほとんどありませんでした。

しかし、融資を受けたからといって、だれにもうまい事業が起こせるわけではありません。融資された資金は、五人組を作り、共同体的な相互監視の下に返済させるため、返済率は九五％を上回るのですが、利子率は一五％を超えていて、返済には苦労が伴います。事業に失敗するなどして返済できなくなった人は、長年住み慣れた村を去って夜逃げを強いられることもあります。

これは、従来互酬的だった村落共同体を踏み台にしつつ、途上国農村に市場主義を持ち込むものにほかなりません。利他的な精神で共同体の相互扶助を図るはずだったＮＧＯが、マイクロクレジットによってサラ金の一種に変質してしまうのです。

しかし、ネオリベラリズムが影響力を強める今日、ますます多くのＮＧＯがマイクロクレジットに関わるようになっています。このことは、個人や財団など民間のドナーがＮＧＯに寄付する場合、ネオリベラリズムに影響され、短期の目に見える経済的成果をあげるようＮＧＯに求める傾向が高まっていることと関係しています。そのさい、マイクロクレジットなど、市場的な手法を導入することで「自己責任による自立」を図る援助手法が要求されます。市場主義的なドナーにあおられれば、上記のように、NGOやNPOが途上国の共同体を解体し、利己的人間類型を持ち込む尖兵へと変身する危険すらあるのです。

NGO、NPO組織の市場主義化というリスクは、その規模拡大からも起こり得ます。互酬的組織は人格的結合をその本質的特徴としていますから、構成員の数が増え、密な人格的結合が難しくなると、しだいにその中の社会結合は、貨幣を媒介した非人格的なものとなっていきます。生協では、組合員が増えるにつれ、組合員は財の取引にしか関心を持たないようになり、次第にスーパーマーケットと変わらなくなってゆくのは、この例です。こうなると、第二節の図4における生協の位置は、第I象限から第II象限にシフトしてしまうことになるでしょう。

市場経済を逆手にとって、非人格的な取引手段であったはずの貨幣を擬似的に用い、分権性を維持しつつ共同体の構築を目指そうとするのが、**地域通貨**（community currency, 共同体通貨）です。ローカルな空間だけに流通する貨幣を梃子《てこ》にして、社会組織を座標平面の第III象限から第I象限にシフトさせようというのです。

具体的には、育児や介護、簡単なパソコンや楽器のレッスン、家のリフォームといった、これまで必ずしも市場化されてこなかったボランティア的なサービスをお互いが出し合い、そのサービスを、地域通貨を媒介にして交換します。これまでは死蔵されていたスキルや時間を地域通貨で取引して、雇用機会を創出するとともに、その対価として受け取る地域通貨が特定の共同体でしか使えないところから、この地域通貨をやり取りしている人々の間での共同体意識の高まりが期待されます。

しかし、擬似的とはいえ貨幣を使って取引するのですから、地域通貨のかかわるボランティア活動は、厳密には人格的・利他的行動とはいえません。実際に共同体通貨を使ってボランティアサービスを「需要」する人々は、非人格的貨幣を使って市場で取引するのと同じ感覚でいることがしばしばです。ところが、サービスを「供給」する人はアマチュアで、民間企業のようなサービスの厳密な品質管理をしていない場合が多いため、結局、サービスがプロ級でないことに失望し、会員が離れていきます。旧東独のハレで活動し、NHK番組「エンデの遺言」で紹介された地域通貨「デーマック」は、これをきっかけに崩壊しました。また、英国とカナダで始められたLETSのように、運動が壁にぶつかったあと、量販店のポイントカードと同様の、地元商店街の消費者囲い込み手段として市場競争に身を投げ出す志向も現れています。

ODAについても、近年は、単なるグローバルな所得再分配ではなく、ネオリベラリズムの政策を受け入れ、多国籍企業の誘致に熱心で、「新たにグローバル化している」とされる国に重点的に配分される傾向が現れてきました。「効果的援助」の名の下で、ODAがネオリベラリズムのフロンティアを拡張する呼び水として使われるようになったのです。

また、ネオリベラリズムの政府が、NGOの存在をはじめからあてにして、政府としての普遍的福祉政策から手を引く傾向も生じています。こうなると、先に述べた空間的不平等の問題が起こります。

NGO・NPOとネオリベラリズムとの関係については、社会学でいう**ポストモダニズム** post modernism(6)のかかわりについても、注意しておく必要があります。

ポストモダニズムは、多文化主義・文化的相対主義をかかげて個人や集団がそれぞれにもつ差異を称揚し、その差異性が客観的に正しいのか間違っているのかを問うことなく、差異の多様性がさし示すまま自由にふるまうことが尊重されるべきだと唱えます。普遍的人権など、グローバルに人々が共有すべき正義、そして経済・社会やグローバリズムについての一般的認識は、「脱構築」と称して拒否されます。

このように差異性を基軸におく相対主義の考え方を実践すると、どのような帰結が生じるでしょうか。例えば、不登校の子供の「学校に行きたくない」という欲求を主体的差異としてＮＧＯがそのまま認め、長期間正規の学校に通わないことを許せば、その子供にいかに潜在的能力があろうとも、教育で陶冶されないままに成長し、成年後は、多くの場合、現実の労働市場の底辺において、不安定就業のまま一生過ごさざるを得なくなるでしょう。アウトソーシングや派遣社員をますます多く必要としているネオリベラリズムにとって、このような不安定就業者の供給は、こよなく貴重です。

ポストモダニズムによって個人や集団が分断されたところに、支配者が特定の集団を支えるふりをして入りこんで、分割支配に都合よく利用されてゆくことも起こります。これは、普遍的正義と人権をめざすグローバルな連帯の可能性を損ない、分断化された社会集団同士の無用な対立を誘います。

ポストモダニズムの片言隻句は、一見したところ革新的に響きます。しかし、よく検討すると、晦《かい》渋《じゅう》な文章表現の奥には、互いに分断された個人や集団の市場社会における差異性を事実上そのまま永続させるにすぎない言説がひそんでいることもしばしばです。ネオリベラリズムは、社会学においてポストモダニズムに姿をかえ、社会運動に侵入しているのです。

市場は、現実に我々が生活しているグローバルな経済社会を支配し、それにより個人の日常意識にも浸透しているので、市場原理主義という極へ引き寄せられるベクトルは、とりわけ強いのです。これが激しくなるとＮＧＯの長所が見失われ、「ＮＧＯはネオリベラリズムのトロイの木馬だ」という批判すら生まれてきます。ＮＧＯやＮＰＯの運営に当たっては、こうしたベクトルの危うさに常に注意を払い、組織の原点を絶えず再確認しながら事業をすすめることが肝心です。

基軸通貨システムの多極化

このことからすれば、ＮＧＯ活動やＯＤＡ資金の供与などと並んで、ネオリベラリズムの総司令部であり、世界中から利己的に富と資源を吸い上げている米国とその影響下にある国際諸機関によるグローバルな経済・政治覇権そのものをやめさせることが不可欠なのは明らかです。

第二章で学んだように、今日のグローバリズムにおける米国の覇権は、ＩＭＦや世界銀行などの国際機関に対する米国の覇権と直接結びついています。そしてその背後には、米ドルが唯一の基軸通貨として君臨してきました。いくらＩＭＦの組織運営を民主化しても、米ドルが唯一の基軸通貨である状態が続いていれば、結局、ＩＭＦが動かすことのできる政策変数は、米国の意のままに操られます。これを防ぐには、国際通貨体制の多極化が不可欠です。

まず、ユーロを国際通貨として米ドルと対等の地位に引き上げることが必要です。また、世界第二位のＧＤＰを背景にした日本円の国際化を足がかりにして、東アジアにも新しい基軸通貨を作り出すべきです。これらの新しい基軸通貨とそれに支えられた新しい通貨基金を、米ドルの一方的な価値変動とＩＭＦの強力なネオリベラリスト的政策の押し付けに苦しむ国々にとっての代替的な経済的な支えとしなくてはなりません。

幸い、いま現実の各マクロ経済で、資産としてのユーロの重みは着実に高まっています。二〇〇四年一二月、ＢＩＳは、「アジアの中央銀行や産油国が資産をドル建てから特にユーロに移した」ことをその報告書で明らかにしました。特にＯＰＥＣ諸国においては、二〇〇一年夏には資産の七五％が米ドルであったものが、二〇〇四年夏には六一・五％にまで下落、ユーロは一二％から二〇％へと上昇しています。[7] 米国は国内の圧力に押され、中国元切上げを要求してきました。中国は、これに先手を打ち、二〇〇四年一月から九月まで増えた外貨準備一一一三米ドルのうち、米国債購入を、その一五・六％にあたる一七四億ドルに抑えました。[8] そして二〇〇五年七月二一日、中国政府は元を切り上げると同時に、中国元の相場を、米ドル一辺倒ではなく、ユーロや日本円などを含むバスケットに対して変動するように改め、米ドルからの脱却に明確な一歩を踏み出しました。

投機資金に対するグローバルな規制

もう一つの重要な課題は、ネオリベラリズムがもたらした金融自由化などの諸政策にのって、利己的な投機利益追求のためグローバルな空間を動き回っている、短期の投機資金を規制することです。すでに第四章三節でみたように、各国のマクロ経済と市場社会の安定のために、これは緊急の課題となっています。

この対策として有効なのは、ＮＧＯのＡＴＴＡＣ（Association pour une Taxation des Transactions finacières pour l'Aide aux Citoyens) が主張する**トービン税** taxe tobin です。この実施により、実物の財またはサービスの移動に伴わない国際金融取引への課税が実現すれば、税率を〇・一％としても、一年間に一〇〇〇億ドル近くの資金を獲得することができます。(9) この資金は、貧困・飢餓、そして医療・教育などの水準を抜本的に向上し、途上国における普遍的な人権を保障すると共に、社会における一個の主体として人々を経済的・社会的に自立させるという、利他的目的の援助として使われることになります。

このような課税に直面すると、投機家は、カリブ海にいまなお英領植民地として浮かぶケイマン諸島のような**課税逃避地** tax heaven に資金を移動させる脱税行為を始める可能性があります。そこで、課税逃避地を作る植民地政府の政策をやめさせる規制も同時に必要です。

また、各国には、自国のマクロ経済を投機資金にさらしてその崩壊を引き起こさないため、ネオリベラリズムの影響を排除し、外国為替を適切に管理し、できるだけ独立した金融政策をとることが求められます。アジア経済危機の直後、マレーシアは、為替管理を強化して危機を切り抜けることに成功しました。また中国は、米国が求める「元切上げ」を小幅にとどめて、為替の国家管理を続け、これが中国の安定した経済成長に貢献しています。さらに南米のチリは、投機資金の流入を規制するため、無利子の法定準備金をつむ義務を課しました。米国を利するネオリベラリズムの金融自由化によらなくても、積極的な経済運営は十分可能なのです。

途上国の累積債務の免除

多くの国にネオリベラリスト的構造政策が押し付けられた原因の一つは、その国がグローバルな過剰資金の流入先となって累積債務を負ったあと、返済できなくなったからです。このようなＩＭＦの介入をやめさせ、途上国が安心して教育や医療、そして貧困救済のための産業開発といった社会的諸政策に集中できるようにするため、とりわけ「重債務国」と呼ばれる途上国の債務を軽減ないし免除する国際的な仕組みが必要です。

こうした融資の相当部分は、もともと、必ずしも直接的な利益を直ちに生むわけではない道路や初等教育など、基礎的な社会資本整備のために使われていました。世界のすべての人々がこの種の社会資本の便益を平等に享受する権利を持つことは当然です。その資金に対する過酷な返済取立ては、途上国の状態をますます悪化させるだけです。

米国は、軍事占領したイラクで、世界中の国に「イラク復興」のため債務免除を要求しました。途上国の発展という目的に使われた資金の債務を免除することは、決して「モラルハザード」ではなく、その国の経済・社会発展に不可欠であることを、何より米国自身がよく知っていたのです。

これに対処するため、一九九六年から世界銀行とＩＭＦにより始まったＨＩＰＣイニシアティブは、重債務国の債務軽減・免除に十分な効果を挙げてきませんでした。ブッシュ米大統領は依然として、「自由経済市場に門戸を解放した国」に債務免除を限る姿勢をくずしていません。ネオリベラリズムの構造改革を受け入れた国の復興には債務免除を認めるが、ネオリベラリズムの支配を受け入れない国では、ＩＭＦを動員して厳しく取立てを迫るということです。

このような途上国債務の免除をめざす運動は、第三世界の債務取消のための委員会（ＣＡＤＴＭ）

やジュビリー二〇〇〇のようなＮＧＯによって取り組まれています。

また、アルゼンチンのようにある程度の外貨準備をもつ国が、ＩＭＦによる経済主権への干渉を阻むため、多少無理をしてもＩＭＦからの融資を全面返済する方向性を打ち出してきたことは、新しい動きとして注目されます。

産業の長期的・安定的な発展と公正な取引

グローバルに動き回る投機的資本の目的は、各国のマクロ経済に吸着して短期的な利益を獲得することであり、そこに、グローバルなスケールにせよ各国のスケールにせよ、安定的な産業発展を図るというパースペクティブはありません。これに対し、産業は、技術開発・事業所の配置・労使関係・市場確保などについて、長期的で安定的なパースペクティブが不可欠です。投機資金のマネーゲームに正統性を与えているネオリベラリズムを排し、本章第一節でみたブラジルのように、経済改革の軸足を持続的な産業発展におき直すことは、緊急かつ重要な課題です。

とはいえ、グローバルな生産活動は、現在その多くが多国籍企業によって担われ、最貧途上国がそのネットワークから外されてきたことは第四章で述べました。それゆえ、途上国の貧困を救うため、グローバルな多国籍企業に産業発展のすべてを委ねるわけにはゆきません。最貧途上国でも、多国籍企業から自立した産業開発を行い、経済発展を図ることができる仕組みが必要です。

まず、こうした最貧途上国では、人々を貧困から救い出すため、多国籍企業に代わって、草の根レベルで生産活動にかかわった経済的連帯を組織し、公正な雇用を創出する政策が重要です。マイクロクレジットの弊害が次第に明らかになるにつれ、途上国では、人々に債務を負わせるのではなく、地元の手工業や農村に受け継がれてきた伝統技術などを活用した積極的な小規模生産活動をすすめる、マイクロプロダクションなどの活動が行われるようになりました。さきに述べたトービン税が実施されれば、その税収の一部を、これを始める資金として用いることができます。

途上国と高所得国との貿易は必然的に前者を後者が搾取する不等価交換だからそもそも行うべきでないという発想は、いうまでもなく誤っています。不等価交換が存在するならば、途上国で生産された財について、不等価交換を起こさない公正なやりかたで取引するシステムを構築すればよいのです。

例えば、最貧途上国で、有機農法を用いた安全な食材を契約栽培により生産し、それを公正な価格(フェアトレード)で買い上げて、高所得国の生協などで環境に関心が深い消費者に対し販売する、という活動があります。また、アフリカのブルキナファソでは、従来仲買人などの恣意のまま生産物を買い叩かれていた農民に、自己の商品の価値やコストについてよりしっかりした評価を持たせ、市場主体として販売に関する自立的な選択を行わせるよう促す試み[10]が、NGOの手によって進められています。

これらは、いぜん市場経済の枠組みの中にある政策ですが、ネオリベラリズムに支えられた多国籍企業の野放図な行動に翻弄された状況に比べると、市場の無政府性はより少なく、労働はより適切に評価され、途上国の草の根の利益を図り経済発展をすすめるという利他的動機が含まれていて、進歩といえるでしょう。

このような、市場メカニズムに利他的な計画の要素を入れこむ改革を進める場合注意しなくてはいけないのは、教育やインフラの格差が、経済格差をかえって拡大する可能性です。

一個の主体として自立的判断をするには、すくなくとも初等教育レベルの読み書き・算数などの知識が必要です。また、判断の材料として価格情報を収集するには、電話や電子メイルなどの通信手段がなくてはならず、そのために電力供給が必要となります。しかし、最もこの種の援助を必要としている最貧の人々は、電力がない村で電源を確保するための太陽発電設備が手にはいりません。このため、どの村民にも平等に、初等教育や電力など基礎的インフラを保障する資金と技術の供与を常に併せて行う必要があります。

資源開発技術をグローバルな共同利用に

途上国は、完全に発展から見捨てられたわけではありません。そこには、その国の経済発展の手がかりとして使えるさまざまの天然資源が埋蔵されていることもあります。しかし、石油メジャーを代表とする資源採取型の多国籍企業は、途上国の資源をめあてにし、それに対して略奪的な対応をとります。これらの企業は、資源を保有する途上国の主権を無視したPSAを押しつけ、その領域内に埋蔵されている資源を力づくで自分のものにしようとします。このままでは、資源を保有する途上国が、この資源を元に自国の経済発展を図ろうとしても、できません。資源保有国は、このような資源型多国籍企業の身勝手な行動を許さないようにする必要があります。

これらの多国籍企業がグローバルに身勝手な行動を続けられる大きな理由の一つは、どこに地下資源が埋まっているか探す、探鉱技術を独占しているからです。日本は自主的な資源開発を海外で行った経験が乏しく、日本ですら十分な探鉱技術は保有していません。途上国をふくむ各国が自国の資源を自主開発して適切に活用できるよう、探鉱技術を開放し、無償でどの国でも自由に利用できるようにする、グローバルな制度的枠組みが必要です。

国連の抜本的改革の可能性？

グローバルな改革の課題は沢山あることがわかりました。では、これらの改革をどこが担って実現したらよいでしょうか。

すぐに思いつくのは国連ですが、いまこの国連自体が、形骸化・官僚化などのため大きな危機に直面しています。

第二次大戦以来六〇年間、安全保障理事会を事実上の執行部とし、その常任理事国である戦勝五大国が国連を牛耳るという構造は、基本的に何も変わっていません。何よりこのことが、国連を硬直化させています。

国連のうち、非軍事的なユネスコや国連大学などの組織では、硬直化・肥大化した組織維持のためだけに多額の予算が費消される状況となって、実際の活動に使える「真水」の部分がわずかとなり、世界が直面する現実にフレキシブルな対応ができなくなっています。

さらに、イラク戦争で米国は、その提案に国連安保理の賛成をとりつけることができなかったので、米国は国連を素通りして自分で「先制攻撃」の権利があると唱え、それを実行してしまいました。イラク戦争は、安全保障の面で国連が無力であることを白日の下にさらした象徴的な出来事でした。イスラエルを支持する米国に遠慮して、パレスチナの独立国家すら設立できず、ヨルダン川西岸へのイスラエル人入植を放置する一方でパレスチナ難民を故郷に帰還させられない国連は、「平和の使者」としての役割をすでに失っています。

このような現状の国連を、一国一票という協同組合と同じ民主主義の原則をもち、官僚化を排してよりフレキシブルに予算を有効に活用できるシステムへと、抜本的に改革しなくてはなりません。具体的には、国連安保理における常任理事国という戦勝国の特権的地位を全面的に廃止し、各国が平等に一票を持つ国連総会を国連の最高意思決定機関に位置づけて、安保理を含むすべての理事会等を任期つきとし、総会がそのメンバーを選出することです。敵国条項の廃止は、いうまでもありません。

しかし、戦勝国である国連安保理常任理事国の既得権益に手をつけるこのような改革は、戦勝国連合として発足した国連のアイデンティティそのものの否定であり、不可能に近いほど困難です。

そこで、国連というすでに老化し機能が低下した過去の怪物の再生を目指すより、国連の頭越しに、より柔軟で小回りの効くNGOや新しい各種の組織をもとにオルタナティブなグローバル化の実践を目指し、国連の形骸化を図ることのほうが手っ取り早いという考え方が頭をもたげてきました。

EU、上海協力機構などの国際的連合、G8、世界経済フォーラム、世界社会フォーラムなどはすべて、このような国連の頭越しにできた国際組織です。国連が、いつまでも自己改革できなければ、グローバルな現実は、国連のもつ役割を相対的に縮小させる方向に向かわざるを得ないでしょう。

なお、皮肉なことですが、世界銀行は国連と異なって出資金額と投票権とが比較的に連動しており、日本は米国（一六・三九％）に次ぐ世界第二位（七・八七％）の権利を持っています（二〇〇四年一月）。

また、ＩＭＦでも、日本はドイツとほぼ並ぶ六・一五％の投票権があります（二〇〇四年一月）。日本が、ネオリベラリズムに対抗する独自のグローバリズムに関する政策をもてれば、むしろこれらの機関のほうにその主張の場があるかもしれません。

オルタナティブ・グローバリズムをめざす社会運動

国連に代わり、互酬の原理に基づき、産業と市民生活の安定して持続的な発展を支えるグローバリズムを実現する運動を担う大きな力の一つは、草の根の運動組織とそのグローバルな連帯、そしてこうした運動の盛り上がりに支えられて成立した民主主義的な諸国が及ぼす力です。民主主義の政治過程は、選挙や会議に限られるものではなく、街頭や職場・学園、そしてネット上でくりひろげられる民衆運動すべてが、民主主義の重要な政治過程であり、構成要素です。

このような社会運動は、ローカルなレベルで取り組まれているものであっても、ネオリベラリズムのグローバル化が各国の状況と人々の利害を世界でますます共通化させており、また米国の覇権が世界を覆っているので、指揮者がいなくとも演奏する管弦楽団のように、時間的・空間的制約を越えて、グローバリズムという一つの調べでより強く共鳴するようになってきました。

例えば、地元のローカルな文化を振興させようとするＮＧＯでさえ、その活動は、ミッキーマウスなど米国発文化の覇権に対抗する意味あいをもちえます。また、「非合法」外国人労働者問題や、児童労働による海外市場向けの商品生産に反対する運動のように、ＮＧＯ運動の対象そのものがグローバル化している場合もしばしばです。オルタナティブ・グローバリズムを求める民衆運動の世界的連帯を図ることは、これまでになく容易になっているといえましょう。

所得や地位にかかわりなく一人一票が保障されている代議制民主主義の制度も、互酬社会を生み出す目的で有効に活用できます。ネオリベラリズムが社会に深く浸透するにつれ、ごく少数の「勝ち組」がその手に富を蓄積する一方で、「負け組」がますます社会の多数派を構成するようになってきました。このため、民主的な選挙を行えば、「負け組」の立場向上をめざす政党により多くの票が集まり、反ネオリベラリズムの政権が成立しやすくなっています。事実、南米ではすでにこの過程が始まっており、ブラジル、ベネズエラ、ボリビアなど多くの国で、ネオリベラリズムと米国の覇権から距離を置く政党が政権を握るようになりました。中東でも、民主主義的な選挙をしたところでは、イスラム共同体の価値を重んじ米国と距離をおく党派が多くの議席を得ています。

このパラドクスを乗り越えてネオリベラリズムの政治を続けるために、「勝ち組」になった側は、国家主義や、マスコミを動員したポピュリズムの手法に訴えようとします。私たちは、こうした動きに目をくらまされないようにしなくてはなりません。

（1）フリードリヒ・エンゲルス『空想から科学へ』寺沢恒信・山本二三丸訳、大月書店、一九六七年、六九―七三ページ。
（2）フランソワ・ウタール、フランソワ・ポレ共著『別のダボス：新自由主義グローバル化との闘い』三輪昌男訳、柘植書房新社、二〇〇二年、一一九―一二〇ページ。
（3）『日本経済新聞』二〇〇四年一〇月七日付。

（4）David Harvey, *A Brief History of Neoliberalism*, Oxford: Oxford University Press, 2005, p. 177.
（5）ユヌスのマイクロクレジットについて詳しくは、ムハマド・ユヌス『ムハマド・ユヌス自伝』猪熊弘子訳、早川書房、一九九八年を参照。
（6）アラン・ソーカル、ジャン・ブリクモン『「知」の欺瞞——ポストモダン思想における科学の濫用』田崎晴朗他訳、岩波書店、二〇〇〇年、二五二—二八〇ページ参照。
（7）『日本経済新聞』二〇〇四年一二月六日。
（8）『日経金融新聞』二〇〇四年一二月一七日。
（9）ATTAC編『反グローバリゼーション民衆運動：アタックの挑戦』杉村昌昭訳、柘植書房新社、二〇〇一年、八四ページ。
（10）『別のダボス』一六〇ページ。

5　オルタナティブ・グローバリズムをめざす、日本と私たちの役割

二〇〇五年九月に行われた衆議院議員選挙で、「小泉劇場」と呼ばれるポピュリズムの手法が現出し、ネオリベラリズムを支える政治勢力が圧勝しました。日本では、こうした政治手法がマスコミも巻き込んで近年横行しており、それによってネオリベラリズムへの有効な政治的対抗軸ができないようにさせられています。

では、私たちの日本、そして私たち自身は、こうしたなかで、どのような行動をとるべきでしょう

か。このことについて、本書第二章で学んだことも振り返りつつ検討し、結びとしましょう。

敗戦後六〇年間、米国に従属し続けてきた日本

第二次大戦の敗戦国であり、国連安保理常任理事国ではない日本が、グローバルな政治の舞台でまったく独自の立場をとって行動することには、大きな制約があります。

こうしたなかで、戦後一貫して日本がとってきた国際政治の戦略は、米国につき従い、米国を経由して国際的な地位を確保することでした。この日本の政治的位置を支えてきた根幹は、日本が憲法九条で自衛権・交戦権を放棄した代わりに米国が日本の防衛を肩代わりした、日米安全保障条約です。日本には、この条約の下で、戦後の占領下に設けられた米軍基地が引き続き多数残存しています。

冷戦時代、この日米安保体制は、米韓・米台などの同盟と連携し、そのままアジア大陸に広がる社会主義諸国と対峙する枠組みにすんなりとはまっていました。冷戦の一方の極である米国としても、アジア大陸に防波堤のように広がる日本列島に社会主義をさえぎる壁を築いておくことは必須でした。米国は、日本をいつまでも従属させておくため、いろいろな手段を使いました。米国から自立しようとする首相が現れるとスキャンダルを流してそれを追い落とすのは、その一例です。一九七〇年代、田中角栄首相は、日中国交回復を実現し、ブラジルの大平原セラードに日本の食糧自給を確保する大規模食糧基地の開発計画を立ち上げました。このことと、田中氏が米企業ロッキードとの汚職事件の暴露により失脚したことと、無関係ではありません(1)。

日本の外務省には、盲目的に米国に従うことを当然と考える雰囲気が厚く広がっています。かつて

駐レバノン大使を務め、米国のブッシュ政権が強行したイラク戦争に反対して事実上外務省を解雇された天木直人氏は、この点につき次のように述べています。(2)

……そんな中で私は、同僚からホッチキスで綴じられた十数ページの薄っぺらいタイプうちの冊子を渡された。／「市販の解説書をいくら読んでも役に立たないよ。外務省の職員が読むべき解説書はこれだけさ。いわばバイブルだ。他の解説書を読むとむしろマイナスになる」……それは日本が実際に軍事攻撃された場合、果たして米国は自ら血を流して日本を防衛してくれるのかという根本的疑問に関するくだりであった。栗山は言う。／「米国は日本と共通の価値観を有する信頼できる唯一の国である。そのような国に対して助けてくれないかもしれないなどと疑念を抱くこと自体、誤りであり米国に対して失礼である」／これが外務省条約課長の教えなのである。いかなることがあっても、常に米国に盲従していく外務官僚の原点が滑稽なまでにここに表れている。……

そもそも、武装した米軍が日本の国土に多数の基地をもってアジア大陸をにらんでいるのですから、いくら日本が非武装中立をうたった憲法第九条を持つ平和国家だと叫んでも、近隣諸国はどこも日本をまともに信用しません。

一九七〇年代初めの日本経済高度成長の終焉まで、米国の「核の傘」の下で安穏とすごすことには、日本自身にとっても利益がありました。日本は自国の防衛にわずかの費用を注ぐだけでよかったので、多くの財政支出を、産業基盤などのインフラ整備に回すことができたのです。

しかし、冷戦体制が崩壊し、ネオリベラリズムが広がり、世界政治が多極化を示すにつれ、米国の日本に対する姿勢は、次第に変わってきました。日本は、冷戦体制においてアジア大陸の社会主義国に対抗するため不可欠だった防波堤から、過剰蓄積で行く先を求める米国資本の新たな投資機会、安上がりの下請軍隊や基地をつかわせてくれる国、そして豊かな外貨で自国の財政赤字を埋め合わせてくれる便利屋とみられるようになったのです。

日本は、二〇〇四年現在、世界の諸国が米国に預けている米国債総額の三七・六％にあたる六三九八億ドル（約七三兆円）と、二位の英国一五三八億ドルを大きく引き離す大量の米国債を保有しており、日本国民の貯蓄が米国財政を助けています。(3) 外貨で預けるのですから為替変動リスクがあり、一円ドルが安くなるだけで、日本は全体として七千億円を超える元本の損失を蒙ることになります。

米国が日本を軍事的に利用する動きも、ますます強まっています。二〇〇五年四月には、米本土にある米陸軍第一軍団司令部を神奈川県の米軍基地「キャンプ座間」に移転するという米側の提案を、日本政府が受け入れました。この第一軍団司令部は、太平洋とインド洋に広がる広い範囲にわたる米軍を指令する拠点です。日本を防衛してくれるどころか、日本が米国のグローバルな覇権のため米本土と軍事的に一体化されることが強く危惧されます。この移転をふくむ、グローバルな戦力強化のための米軍のトランスフォーメーションに、日本政府は六年間で一兆円もの予算を支出します。

一方で、東アジア・東南アジアでは経済が成長し、これらの国々は次第に国際政治の面でも発言権を強めてきました。その目標は、アジアの自立です。

一九九〇年、マレーシアのマハティール前首相は、**東アジア経済協議体**（ＥＡＥＣ）を、日本・中国・韓国・ＡＳＥＡＮを構成メンバーとして作るよう提唱しました。ところが米国は、この構想に協力しないよう、日本に強い圧力をかけたのです。日本はこの意向を受けて、米国の入らない国際組織には参加できない、とマハティール首相の提案に冷淡な姿勢をとり続け、結局この構想は潰れてしまいました。

「日米同盟」といっても、それは対等な関係ではなく、米国が自国の利己的な国益をはかり、アジアに覇権を及ぼし続けるため、日本を都合よく利用するシステムにすぎません。いつまでも米国の忠犬を勤め続けるのが、私たちにとって最善の選択なのでしょうか。

米国から自立した東アジア共同体の構築

従属的な「日米同盟」の中で、これまでの日本は、アジアの一員にふさわしい自立した政治的責任を、グローバルにもリージョナルにも、十分果たすことができませんでした。

これに対し、中国は、経済成長が進むにつれ、その国連常任理事国としての地位をも活用しながら、自立した東アジアの中枢としての地位をうかがい始めています。日本と中国、両方をにらみながら、以前は日本との関係が緊密だったタイをはじめとする東南アジア諸国は、次第に日本離れを起こし、中国に接近し始めるようになりました。アジアはアジア人自身の手で自立した発展を図るべきであり、米国のメッセンジャーはもはやアジアに要らないという、中国が発しているメッセージに、支持が集まっています。日本が国連常任理事国となるためのG４提案に、東南アジア諸国はどこも賛同しませんでした。

一方、日本は、多数の中国人を虐殺した戦前の侵略戦争にはじまり、今日の、小泉首相による靖国神社参拝の強行に至るまで、中国との間にあつれきをつくりだし続けています。

ドイツに対するフランスの関係と同じように、アジアにおいて中国は、日本にとって最大のパートナーのはずです。古くから、遣唐使などで日本は中国から文化を学び、文字も中国の漢字を採用しました。日本の対外貿易は、もはやかつてのように米国依存ではなく、中国をはじめとする東アジアに重点がシフトしており、二〇〇四年において東アジアの域内貿易比率は五三・四%に達しています[4]。

このことからすれば、日本が同じ極東アジアというリージョンを共有する中国、韓国やロシア、そしてASEAN諸国と、経済・政治・軍事など多様な部面で、積極的な連携を結び、「東アジア共同体」の構築に進んでゆくことがむしろ自然です。

「東アジア共同体」構想は、すでに述べた、マレーシアのマハティール首相が提唱した、東アジア経済協議体にさかのぼります。一九九七年のアジア通貨危機は、アジア経済をアジア人の手で持続的・安定的に発展させなければならないという課題意識をアジア諸国のあいだにいっそう強く生みだし、これがASEANと日本・中国・韓国(ASEAN+3)というリージョナルなまとまりに凝集してゆきました。二〇〇〇年に開かれたシンガポールの首脳会議で、これを「東アジア共同体」という、経済・政治・軍事にわたるリージョナルな連合として発展させてゆく基本的合意が出来上がりました。二〇〇五年末、かつて東アジア経済協議体の構想が産声《うぶごえ》を上げたマレーシアで、二〇〇七年に地域共同体形成に向けた枠組みを提示することが合意されました。

このASEAN+3のほかに、東アジアというコミュニティへの参加をめざすインド、オーストラリア、ニュージーランドが加わり、参加国を拡大した「東アジアサミット」という会合も同時に開催されました。米国の意向を忖度《そんたく》しつつ中国を牽制したい日本は、「東アジア共同体」形成においてこちらに軸足を置こうとしています。しかし、サミットに加わっているこの三国は、マレーシアおよびシンガポールとともに**英連邦** British Commonwealth of Nations の一員で、長いあいだ大英帝国の植民地だった歴史を共有しており、米国の一極覇権への志向からは、微妙な政治的距離感を保っています。この「東アジアサミット」が、日本や米国の思惑通りに動くかどうかは未知数です。日本は、このサミットに米国をオブザーバーとして送り込もうとしましたが、成功しませんでした。

このように、東アジア共同体は、かつて日本が「大東亜共栄圏」として従属的に統合しようとした東南アジア諸国、ならびに、米国から自立したアジアでのリージョナルな覇権の可能性を追求する中国の主体的イニシアティブによって形成が進んでいます。共同体形成に向けてアジアを牽引する力強い機関車となっているこれら諸国を前に、日本は、米国の意向ばかり気にしながら、その後を追うので精一杯というのが現状でしょう。

こうした状況は、根本的に改められなくてはなりません。日本は、経済的・政治的に重みを持つアジアの主要国である中国と、対等・平等の立場で積極的に連携して、「東アジア共同体」の実質化・強化に貢献することが必要です。侵略戦争を推進した人物がまつられている靖国神社の参拝などは、論外です。しかし、中国に対し、いつまでもかつての戦争の負い目を感じ、それへの謝罪と賠償をすべての前提とする卑屈な姿勢をとり続けることも、生産的でないでしょう。中国内部にも、過去の歴史を乗り越えて、新たなパートナーシップを日本と築くべきだとする意見が台頭しつつあります。(5) 私たちは、このような前向きな視野に立つ中国人と積極的に連携してゆく必要があります。

共同体においては、欧州のユーロと同じような新しいリージョナルな通貨を、マクロ経済が比較的安定している東アジア諸国が中心となって構築し、米ドルならびにユーロと並ぶ、第三の国際基軸通貨にしてゆく方向を積極的に追求する必要があります。ユーロが構築される際、マクロ経済がもっとも安定していたドイツ連邦銀行の果たした役割には大きなものがありました。日本も、この面で、積極的な貢献ができるでしょう。東アジアの基軸通貨が構築され、アジアの決済や外貨準備が、米ドルの縛りから解放されるようにすべきです。

このようにして、日本がすすんで展開する自主外交により、ユーラシア大陸の東側に、BRICs諸国やEUと緩やかに連帯しつつ、米国の世界単独覇権への企図を封ずる方向性を持つ、EUとならぶもうひとつの結節点を築くことができれば、オルタナティブなグローバリズムへの大きな一歩が切り開かれます。

もちろん、このリージョナルな国家連合が、米国のミニ版の覇権を目指し、各国の指導部だけが結びついて、各国の市民の自由や普遍的人権を抑圧するだけに終わってしまうなら、それは過去の「大東亜共栄圏」の再来に過ぎず、まったく無意味です。私たちは、東アジア共同体の構築にあたり、各国の主権を尊重しつつも、市民が民主主義の基本原則と普遍的人権を十分享受していない国については、その社会を民主化し、普遍的人権がすべての人々に保障されるようにするため、必要な努力を惜しむべきではありません。

この点で、もっとも大きな問題を抱えているのは、中国です。東欧のほとんどの社会主義国、そして国境を接するモンゴルにまで民主主義がもたらされた今となってもなお、中国は共産党の一党独裁のもとにおかれています。市民の言論や結社の自由など、グローバルに普遍的な人権は十分に保障されておらず、近年の都市開発で農民は、長年耕作してきた土地から政府の思うがまま追い立てられています。チベット人やウイグル人は長年にわたり独立を奪われ、抑圧支配されたままです。深刻な環境汚染は、酸性雨として西日本にまで影響しています。こうした現在の中国を、世界すべての人々の力によって、民主主義と人権、そして持続的環境が十分保障される国に変革することが必要でしょう。

同様の点は、北朝鮮にも強くあてはまります。もともと、朝鮮半島が二つの国に分断された原因の一つは、日本の三六年間にわたる植民地支配にありました。日本は、その責任を償う意味でも、朝鮮半島の民主主義国家による統一に、積極的に協力すべきです。さらに、一九九〇年に民主的な選挙を押しつぶしたまま軍事政権が支配し続けるビルマ（ミャンマー）の民主化と人権の保障を図ることも、緊急の課題です。

なお、東アジアの安全保障に脅威をつくりだしている中国、ロシアと北朝鮮の核兵器については、グローバルな全面核廃絶の可能性を追求しながら、さしあたりは、東アジア共同体の完全な共同管理の下におくことをめざすべきです。

日本は、アフガニスタンとイラクに対して示されたような野蛮な戦争の暴力と世界からの富の吸い上げによってグローバルな覇権にしがみつく米国にこれ以上従属するのではなく、利他的で共同体の中での人権を尊重する理念のもと、自主・自立外交への道を歩みださなくてはなりません。それによりできあがった多極的グローバリズムの中で、日本は、他の民主主義的な東アジア諸国とともに、新しい社会・経済モデルを積極的に提起し、世界の草の根の人々から信頼され支持される利他的共同体構築へと汗を流すべきです。

日米安保条約の全面破棄、東アジア集団防衛システムの構築、そして核廃絶

これらのために何より必要な前提条件は、日本が、日米安全保障条約を破棄し、外交と政治に完全な米国からの自主性を回復することです。

二〇〇四年現在、日本には、四万一千人と、東アジア・太平洋地区に駐留する米兵総数九万七千人の四二％もの米兵が日米安保条約に基づき駐留しています(6)。この米軍は、東は太平洋から、西は米国が「不安定の弧」と称し中東にいたる広い範囲で、米国のグローバルな覇権を維持するため使われています。日本が約九〇％の原油を得ている「不安定の孤」の国々に、日本の米軍基地は銃口を向けているのです。

二〇〇五年一二月には、東京で米兵が日本人小学生三人をひき逃げしました。ところが米軍は、この米兵の「公務証明書」なるものを日本側に出したので、この米兵を逮捕した日本の警察は、直ちに犯人を米側に引き渡さなければなりませんでした。このひき逃げ米兵を日本が裁判にかけることは、日米地位協定により、できません。

こうした治外法権さながらの米軍基地は一つ残らず返還させ、日本が米国のグローバルな軍事覇権の下請けに精を出す行為をやめることが、世界平和のために、また日本が世界から尊敬される国になるために、そして日本に住む人々の安全のために、ますます不可欠となっています。

日米安保条約は、その第一〇条で、「いずれの締約国も、他方の締約国に対しこの条約を終了させ

る意思を通告することができ、その場合には、この条約は、そのような通告が行なわれた後一年で終了する」と定めています。安保条約破棄のため、米国の同意は必要ないのです。

しかし、日本がこの通告を行おうとすると、米国が陰に陽にさまざまの妨害をかけてくることは間違いないでしょう。

その場合に、どう対応したらよいでしょうか。ここで、米国が大好きな市場メカニズムに登場してもらうのが効果的でしょう。例えば、日米安全保障条約によらない、真に対等・平等の独立国間の関係として日米友好関係を展開させることを米国が受け入れないならば、日本が保有する米国債の売却を積極的にすすめ、外貨準備の多角化を図る姿勢を示せばよいでしょう。かつて、橋本首相がニューヨークの大学で講演し、その後の質疑応答の中で米国債を日本政府が売却する可能性をにおわせたところ、たちまち米国の株価は下落しました。日本が米国債をどう扱うかについては、これほど市場の関心が集まっているのです。日本にとっても、またグローバルにも、日本が相当量の米国債を売却することで、利益が得られます。まず、外貨準備における米ドルの比率を低め、ユーロや金などに多角化することは、為替変動リスクを分散させ、日本経済の自立性を高めることに役立ちます。米国債を売却して得た資金の一部を、大量に積みあがりハイパーインフレへと転化することが危惧される日本国債の償還に充てることもできるでしょう。さらに、米国債を売却すれば、米国は今までほどにシニョリッジを享受できなくなりますから、財政赤字を国債で補って世界中に米軍を配備し軍事的な恫喝を行うことに対する財政的制約が強まります。これにより、米国の軍事的・政治的覇権は、確実に弱まるでしょう。

それゆえ、日本は米国債売却という政策オプションを積極的に打ち出すべきです。米国は、ＩＭＦを使い、金融的手段で各国を恫喝して、世界に覇権をおよぼしてきました。大規模に米国債を保有する日本は、これを逆手に取って、同じ金融的手段を使えば、米国に政治的影響を及ぼすことができるのです。必要なのは、日本の人々の決意一つです。

日米安保体制から離脱したあと、東アジアに領土を持つ国連安保理常任理事国である中国ならびにロシアなどと対等の立場で連携しつつ、朝鮮半島ならびに東南アジアまでの領域を包括する、集団安全保障のシステムを構築する必要があります。これは、ＥＵが構築している欧州軍の東アジア版ともいえましょう。

第九条を含む日本国憲法の改定が国内政治の現実的課題となってきました。いま日本政府が唱えている改憲は、日米安全保障条約を強化するために、集団的自衛権、すなわち日本の自衛隊が米軍の下請けとして世界中で行動することを公然と認め、米国に従属した日本の国際政治における位置をますます固定化するための改定です。このような改憲は、まさに「憲法改悪」の名に値します。日本が「国連平和維持軍」などを提唱して、世界平和を「戦勝国クラブ」の警察力の手にゆだねてしまうのも、現行の国連の体制の下では、結局、戦勝国による他の弱小国の抑圧に日本が手を貸すこととなりかねません。

しかし、国際政治のうえで日本が自立した発言力をもち、ＥＵやＢＲＩＣｓと対等な立場で連帯する方向に外交路線を根本的に転換し、そして東アジア・東南アジアで集団的安全保障の責任を担って、日本が世界政治の多極化の重要な一翼となることを目指すとなると、もはや日本の防衛を米軍に頼ることは当然できません。「国連」という戦勝国連合にゆだねることも非現実的です。

主権国家はその本源的な権利として、自衛権を保有しています。この権利に基づき日米安保体制の代替となり、また東アジアの集団的防衛体制の一翼を担いうる日本独自の軍事力のありかたを、真剣に検討する必要が生まれるでしょう。その結果、憲法第九条改定という結論は、当然浮かんできます。日本の国際政治が、グローバリズムの多極化と、米国から自立した東アジアでのリージョナルな集団安全保障という国際政治戦略に明示的に裏付けられている状況の下でなら、私たちは、憲法第九条の改定を、もはやタブー視すべきではありません。

日本は、米国の核空爆で二一万人もの無辜《むこ》の市民を大量虐殺された悲惨な歴史をもとに、世界に核廃棄へのあつい願いを発信してきました。しかしこの願いも、いまは、国連が採択した核拡散防止条約のもとで、国連安保理常任理事国による核独占の体制にすりかえられてしまっています。自立した新しい日本は、米国が一九四五年に広島・長崎で行った、これまでの人類史上唯一の核空爆という戦争犯罪を、米国に世界に向かって謝罪させ、同時に、米国を中心とする戦勝五ヶ国などに核の全面廃棄を強く迫って、核兵器が皆無の地球を実現すべきです。このことこそ、唯一の被爆国日本がはたさなければならない、平和に向けたグローバルな責任です。

こうした段階を着実に踏んでいったその究極に、「非武装中立」という、常に、人類がいだく平和への希求を表現する高邁《こうまい》な原則にもとづいた、オルタナティブなグローバリズムがわれわれを待つに違いありません。

（1）森田実「今年の政局を展望する」『如水会報』二〇〇四年四月号。
（2）天木直人『さらば外務省！』講談社、二〇〇三年、六五－六六ページ。
（3）『日本経済新聞』二〇〇四年五月一八日夕刊。
（4）『日本経済新聞』二〇〇五年七月八日。
（5）馬立誠『「反日」からの脱却』杉山祐之訳、中央公論新社、二〇〇三年。
（6）『日本経済新聞』二〇〇四年五月一九日。

さらに進んで勉強したい学生・生徒のための参考図書

本書を読んだ読者が、関心を持ってさらに勉強したいと考えたときに読むことをお薦めする、日本語の図書、または外国の図書の日本語訳を、以下に挙げておきます。これらの中には、本書をまとめるに際し、筆者が参考にさせていただいた文献もあります。なお、公的機関の報告書や統計書の類は、基本的に挙げていません。

●本書全般について

水岡不二雄編著『経済・社会の地理学』有斐閣（アルマ）、二〇〇二年。（☞経済・社会が地球規模の空間に拡大して展開する現象であるグローバリズムは、経済地理学における空間編成の論理を究めて初めて十分に理解できます。この本は、グローバリズムを考える根底にある、この空間の論理についてわかりやすく述べています。）

デビット・ハーベイ『都市の資本論：都市空間形成の歴史と理論』水岡不二雄監訳、青木書店、一九九一年。（☞本書の基礎にある、空間についての考え方に関わる古典的著作。本のタイトルは「都市」ですが、グローバリズムとおおいに通底する問題意識をもちます。）

●グローバリズム一般についての検討

ウェイン・エルウッド『グローバリゼーションとはなにか』〈こぶしフォーラム〉渡辺雅男・姉歯暁訳、こぶし書房、二〇〇三年。（☞今日のグローバリズムについて、包括的な事実関係が提示されています。英国で広く読まれた本の邦訳。ちなみに、この「こぶしフォーラム」シリーズは、読みでのある翻訳書をいろいろ取り揃えています。）

エル・フィスゴン『まんがで学ぶ世界の経済：グローバリゼーションとは何か?』後藤政子訳、明石書店、二〇〇五年。（☞メキシコのジャーナリスト漫画家が書いた、傑作なコミック。英訳もあり、米国の大学でテキストに使われています。）

金子勝『反グローバリズム：市場改革の戦略的思考』岩波書店、一九九九年。（☞「反グローバリズム」といっても、単純にローカルへの回帰を説いているわけではありません。この本も含め、金子教授が提起している現代の政治・経済とグローバリズムにかかわる論点には、学ぶべきものが多くあります。）

フランソワ・ウタール他『別のダボス：新自由主義グローバル化との闘い』三輪昌男訳、柘植書房新社、二〇〇二年。（☞原著フランス語の英訳本からの重訳で、誤訳がいささか目に付きますが、世界社会フォーラムを手際よく紹介しており有用です。）

国連開発計画（ＵＮＤＰ）『人間開発報告書二〇〇三：ミレニアム開発目標（ＭＤＧｓ）達成に向けて』国際協力出版会、二〇〇三年。（☞国連の中でも、途上国の問題をより社会的・共同体的立場に立って考えることが比較的多い機関が毎年出している報告書。データが豊富です。）

世界銀行『グローバリゼーションと経済開発』新井敬夫訳、シュプリンガーフェアラーク東京、二〇〇四年。（☞ネオリベラリズムを肯定する立場からのグローバリズム論ですが、データが豊富で、この立場からさえも市場原理主義のグローバリズムに問題が山積していることが良く示されています。）

スーザン・ジョージ×マーティン・ウルフ『グローバリゼーション　賛成／反対』杉村昌昭訳、作品社、二〇〇二年。（☞ATTAC副代表などをつとめオルタナティブ・グローバリズムを唱えるジョージと、英 *Financial Times* 編集委員で、九・一一の直後「新帝国主義」の必要を唱えたウルフとが闘わせた熱いディベート。）

●国際通貨制度・IMF・国連のありかたについて

ベンジャミン・コーヘン『通貨の地理学』本山美彦他訳、シュプリンガーフェアラーク東京、二〇〇〇年。

紺井博則・上川孝夫編『グローバリゼーションと国際通貨』日本経済評論社、二〇〇三年。

ジョセフ・E・スティグリッツ著『世界を不幸にしたグローバリズムの正体』鈴木主税訳、徳間書店、二〇〇二年。

古森義久『国連幻想』産経新聞社、二〇〇四年。

●新古典派経済学ならびにネオリベラリズムの特徴と、それに対する批判について

高橋基樹「個人と全体の二項対立をどう超えるか：　アフリカ経済論再構築の一助として」(http://www.ide.go.jp/Japanese/Publish/Report/2001_02_05.html　の第七章)

アマルティア・セン『経済学の再生：道徳哲学への回帰』徳永澄憲他訳、麗澤大学出版会、二〇〇二年。

なおポストモダニズムについては、アラン・ソーカル、ジャン・ブリクモン『「知」の欺瞞』田崎晴朗他訳、岩波書店、二〇〇〇年、が説得的な批判を展開しています。

●日本経済の現状

大門実紀史『「属国ニッポン」経済版：アメリカン・グローバリズムと日本』新日本出版社、二〇〇三年。

須田慎一郎『UFJ消滅：メガバンク経営者の敗北』産経新聞社、二〇〇四年。

関岡英之『拒否できない日本：アメリカの日本改造が進んでいる』文藝春秋（文春新書）、二〇〇四年。

田中　弘『時価会計不況』新潮社（新潮新書）、二〇〇三年。

浜田和幸『ハゲタカが嗤った日：リップルウッド＝新生銀行の「隠された真実」』集英社インターナショナル、二〇〇四年。

東谷　暁『BIS規制の嘘：アメリカの金融戦略と日本の転落』日刊工業新聞社、一九九九年。

ベンジャミン・フルフォード『泥棒国家の完成』光文社（ペーパーバックス）、二〇〇四年。

●互酬の社会原理と代替的な経済社会システムについて

カール・ポラニー『大転換：市場社会の形成と崩壊』吉沢英成他訳、東洋経済新報社、一九七五年。

福士正博『市民と新しい経済学：環境・コミュニティ』日本経済評論社、二〇〇一年。

産業ならびに観光の空間について

アラン・スコット著『メトロポリス』水岡不二雄監訳、古今書院、一九九六年。

ピーター・ディッケン著『グローバル・シフト：変容する世界経済地図』（上・下）宮町良広他訳、古今書院、二〇〇一年。

ジョン・アーリ『観光のまなざし：現代社会におけるレジャーと旅行』加太宏邦訳、法政大学出版局、一九九五年。


日本の外交政策、ならびにアジア諸国との連合について

天木直人『さらば外務省！』講談社、二〇〇三年。

馬立誠『「反日」からの脱却』杉山祐之訳、中央公論新社、二〇〇三年。

あとがき

私たちは本書で、今日のグローバリズムが、市場原理主義というイデオロギー、ならびにネオリベラリズムに基づく米国の覇権という政治的企図と不可分に結びついているものであることを知りました。そして、これをのりこえ、互酬の原理に基づく新しい経済・社会組織を世界に築くための行動の必要性について学びました。

これを目標にすえた、グローバルな射程をもつ運動の積み重ねによって、世界の人々すべてが平等にもつ人間的価値を真に高め、市場の疎外から解放された、オルタナティブなグローバリズムが構築されてゆくこととなるでしょう。

この点からすれば、従来語られてきた「Think globally and act locally」という標語が、きわめて不十分なことはもはや明らかです。私たちは、グローバルなスケールで行動（act）しなくてはならず、また、ローカルがもつ制約性について思考（think）するのでもなければなりません。

この一五年間に、世界は大きく変容しました。資本主義と社会主義という二つの生産様式が「鉄のカーテン」「竹のカーテン」で地球を互いに仕切り、発展途上地域を草刈場にせめぎあっていた時代は、すでに遠い過去のものです。

冷戦時代には、資本主義対社会主義の対立、そしてその国内版としての、自民党という保守勢力と社会党・共産党という革新勢力の対立というテンプレートにあてはめることで、世界に起こる大多数の社会事象のほとんどを解くことができました。このため、社会科学者は、世界を理解するための枠組みをみずから創造するというより困難な学問的仕事をしなくてすんだのです。よりチャレンジングな社会科学者にとっては、世界像を描き出すというやりがいある仕事に恵まれず退屈でしたが、既成の思考パターンで満足する知的に怠惰な人々にとっては、たいへん幸せな時代でした。

冷戦体制が崩壊した今、資本主義と社会主義の対立というテンプレートは、もはや使い物にならなくなっています。そして、インターネットなど新しい空間統合手段の普及が、新たな世界的連帯の可能性を生んでいます。いまや、グローバリズムに関して新たな世界像の枠組みを白紙の上に描くという、知的興奮を誘う役回りが、社会科学者に半世紀ぶりにまわってきたのです。

幸いなことに、経済地理学を専攻する私は、この知的チャレンジを果たすに当たり、いくつかの重要なきっかけに恵まれました。

まず、今日のグローバリズムと密接に関わっている市場原理主義とネオリベラリズムについて、私が勤める一橋大学経済学部の講義「市場と社会」の教鞭をとる中で、多面的な考察の機会を得ました。私は毎年、ゼミの学生と一緒に「海外巡検」(http://econgeog.misc.hit-u.ac.jp/excursion/)に赴いて、世界各地の草の根の人々や訪問先の建造環境から学ぶ機会をもっています。現地を視察し、また現地の人々からうかがったお話は、今日のグローバリズムを考えるさいの事実認識をたいへん豊富にしてくれました。さらに、米国のアフガニスタンとイラクへの戦争に反対する平和運動への取り組みが、私にさまざまの知的刺激を与えてくれました。お世話になった関係の皆様すべてに、この場を借り、あつく御礼申し上げます。

こうした中で進めてきた思索を何らかの形で活字にしたいと思っていた折も折、八朔社編集部から、「グローバリズム」をテーマとして高校上級生ならびに大学学部学生向けの入門書を執筆してもらえないかという有難いお勧めを戴きました。私は、自分の思索を整理しまとめるよい機会と思い、すすんでお引き受けすることにしました。

パソコンに向かいながら、私がこれからの社会をになう高校生・大学生のみなさんに何より望んだのは、グローバリズムを考えるにあたって、グローバル対ローカルという単純化されたテンプレートや、一五年以上前の冷戦的思考、そして、市場主義やいつまでも米国にぶら下がり続けることをやむなしとする日常意識から根本的に抜け出してほしい、そのために、まず現代のグローバリズムについてより的確な認識を持ってほしいという願いです。

「世界社会フォーラム」に地球のすみずみから集う人々の合言葉は、「Another World is possible.（もう一つの世界は可能だ）」です。他者を競争的に押しのける市場原理主義や、貧しい国々の市民を軍事力で恫喝する利己的世界ではなく、他者と互いにグローバルな空間の中で共生する利他的共同体としてのオルタナティブなグローバリズムをこの地上に築きあげなくてはなりません。

一つの国民国家がどのような経済政策、そして外交戦略をとるかによって、グローバリズムのありさまは、まったく異なったものとなります。世界第二位のGDPをもつ日本であればましてのこと、これに大きな貢献ができるでしょう。日本を含む東アジアの共同体が、そのリーダーシップをとるべきです。

本書が、このようなオルタナティブ・グローバリズムのありかた、そしてその中で日本が自立する道すじを真剣に考える議論の手がかりとなれば幸いです。

グローバル化する世界、そしてそのなかでの日本の姿をこれから描き出していくのは、二一世紀に生きてゆく若い皆さんがたです。皆さんがたが、新しい標語「Think and act globally, and think and act locally」を実践されることを心から期待し、ひとまず本書の筆を擱《お》きます。

なお、執筆と校正作業には、一橋大学大学院経済学研究科博士課程に在籍する間屋清志君の援助を得ました。記して感謝します。

二〇〇六年二月

春を待つ窓辺の研究室にて　水岡　不二雄

水岡　不二雄　（みずおか　ふじお）
1951年　青森県生まれ
　　　　一橋大学大学院経済学研究科教授
専攻：　経済地理学，グローバリズム研究，英領香港の経済と社会
著書：　『経済地理学』青木書店，1992年
　　　　『経済・社会の地理学』（共編著）有斐閣，2002年

21世紀の若者たちへ　5
グローバリズム

2006年５月１日　第１刷発行
2015年３月20日　第２刷発行

著　者　　水岡　不二雄
発行者　　片倉　和夫

発行所　株式会社　八《はつ》　朔《さく》　社《しゃ》
東京都新宿区神楽坂２-19　銀鈴会館内
〒162-0825　振替口座00120-0-111135番
Tel.03(3235)1553　Fax.03(3235)5910

印刷・製本　藤原印刷

ISBN4-86014-104-0

八朔社

原 薫著
現代インフレーションの諸問題
一九八五―九九年の日本経済
四五〇〇円

萬谷 迪著
世界経済と南北問題
二〇世紀世界経済の課題と発展途上地域
三五〇〇円

福島大学国際経済研究会編
21世紀世界経済の展望
四二〇〇円

伊藤裕人著
国際化学工業経営史研究
四〇〇〇円

山川充夫著
大型店立地と商店街再構築
地方都市中心市街地の再生に向けて
四二〇〇円

定価は消費税を含みません